# 待客之道

[日]铃木敏文　[日]胜见明 ——— 著

孙逢明 ——— 译

如何把客户体验
做到极致

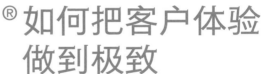

铃 木 敏 文 の Ｃ Ｘ（ 顾 客 体 験 ）入 門

中国科学技术出版社
·北 京·

SUZUKI TOSHIFUMI NO CX "KOKYAKU TAIKEN" NYUMON by Toshifumi
Suzuki, Akira Katsumi; ISBN: 978-4-8334-2449-3
Copyright © 2022 Toshifumi Suzuki, Akira Katsumi
Original Japanese edition published by President Inc.
Simplified Chinese translation rights arranged with President Inc.
through The English Agency (Japan) Ltd. and Shanghai To-Asia Culture Co., Ltd.
Simplified Chinese translation copyright © 2024 by China Science and Technology Press
Co., Ltd.
All rights reserved.
北京市版权局著作权合同登记 图字：01–2023–1170。

**图书在版编目（CIP）数据**

待客之道：7-Eleven 如何把客户体验做到极致 /
（日）铃木敏文，（日）胜见明著；孙逢明译 . — 北京：
中国科学技术出版社，2024.1（2025.7 重印）

ISBN 978–7–5236–0313–0

Ⅰ . ①待… Ⅱ . ①铃… ②胜… ③孙… Ⅲ . ①零售商
店—经营管理—经验—日本 Ⅳ . ① F733.131.7

中国国家版本馆 CIP 数据核字（2023）第 220846 号

| | | | |
|---|---|---|---|
| 策划编辑 | 王碧玉 | 责任编辑 | 童媛媛 |
| 封面设计 | 潜龙大有 | 版式设计 | 蚂蚁设计 |
| 责任校对 | 张晓莉 | 责任印制 | 李晓霖 |

| | |
|---|---|
| 出　　版 | 中国科学技术出版社 |
| 发　　行 | 中国科学技术出版社有限公司 |
| 地　　址 | 北京市海淀区中关村南大街 16 号 |
| 邮　　编 | 100081 |
| 发行电话 | 010–62173865 |
| 传　　真 | 010–62173081 |
| 网　　址 | http://www.cspbooks.com.cn |

| | |
|---|---|
| 开　　本 | 880mm×1230mm　1/32 |
| 字　　数 | 171 千字 |
| 印　　张 | 8.75 |
| 版　　次 | 2024 年 1 月第 1 版 |
| 印　　次 | 2025 年 7 月第 6 次印刷 |
| 印　　刷 | 北京盛通印刷股份有限公司 |
| 书　　号 | ISBN 978–7–5236–0313–0/F·1189 |
| 定　　价 | 69.00 元 |

# 从"物"的消费到"事"的消费

· 为何 7-Eleven 的日均销售额比其他连锁店高 15 万日元呢?

在我创办的日本 7-Eleven 连锁店的所有门店当中,单店的日均销售额为 64.6 万日元,而罗森(LAWSON)为 49.8 万日元、全家(Family Mart)为 51.1 万日元。相比之下,有 14 万 ~15 万日元的差距。(以上数据均为 2022 年 2 月统计)

由于新冠疫情的影响,2020 年度各大连锁店的日均销售额都比上一年度有所下降,罗森减少了 4.9 万日元,全家减少了 3.5 万日元,而 7-Eleven 减少了 1.4 万日元,将下降幅度控制在了其他连锁店的一半以下。

同样都是便利店,为何 7-Eleven 能够和其他连锁店的日均销售额拉开如此大的差距呢?

解开这个疑问的关键词就是"事的消费"。

从"物"到"事",近来我们经常看到这样的表达,那么这里所说的"事"具体是指什么呢?

人们在谈论从"物"到"事"的变化时,经常会做出这样的解释:

所谓"物"的消费,是指消费者在拥有商品(物)时发现价值的消费方式。而"事"的消费则是指在各种文娱活动的体验和经历中发现价值的消费方式。

但是,我觉得这样的理解缩小了"事"的含义。

多年来,我一直经营着一家名为柒和伊控股公司的零售企业。在此期间,我经常使用如下表达:

"我们不是单纯地销售'物',而是通过'物',提供让顾客满意的'事'。"

我认为,所谓"事"是指一种相关性,即对于顾客来说,"物"(商品)在当时那个场合下所具备的意义。

商品本来就具备"物"的价值和"事"的价值。所谓"物"的价值,是指"物"本身具备的价值,与"人"(买方)是否在场无关。拿服装举例的话,就是指设计、颜色、花纹、质地、结实程度以及保暖等功能、性能方面的客观价值。所谓"事"的价值,是指买方在当时那个场合对自己和"物"的相关性感受到的主观价值,它存在于"物"和"人"之间。

同样拿服装举例,如果你看过、试穿过都没有任何感受的话,这件衣服就不会与你产生任何相关性。但是,如果你在那件衣服上发现让你产生共鸣的东西，或者试穿时会感到兴奋、购买后能得到满足感的话，这件衣服就会与你产生相关性。

例如，Seven Premium 是柒和伊集团的自有品牌（private brand，简称 PB）。柒和伊集团还有一个比它更高级的系列，产品名为 Seven Premium Gold，提供与专卖店同等或更优质的商品，价格要比 Seven Premium 贵。

据说在女性顾客当中，有人会选择"自我奖励性消费"。她们努力工作一周，会在周末购买 Seven Premium Gold，作为给自己的奖励。这一现象正可谓是"事"的消费。

我们可以这么说："物"的价值是物质层面的、可估量的价值，而"事"的价值是心理层面和情感层面的价值。

## · "客户体验"就是"事"的消费

在日本，我们每天都会看到数字化转型（digital transformation，简称 DX）这个词。最近几年，又有一个带"X"的单词进入了日本，一个叫"客户体验（customer experience，简称 CX）"的概念受到了人们的关注。

它被翻译为"客户体验"或"客户体验价值"，意思是"客户购买并使用商品或服务时的体验"以及"通过体验能够获得的感觉层面或心理层面的价值"。

这个客户体验的概念和"事"的消费方式存在重合部分。

顾客在购买并使用商品或服务时，会在该商品或服务与自己的相关性中发现意义，重视通过这种体验获得的心理层面和情感层面的价值。这就是"事"的消费。

"人"（顾客）通过"物"体验"事"，从而感到价值、获得满足感。与"物"的价值不同，"事"的价值是顾客通过体验获得的价值，也可以称之为客户体验价值。

体验型服务就是典型的"事"的消费。提供给客户的服务一定会伴随着"物"或"人"的存在，客户会通过该"物"或"人"获得感动或共鸣，从而感受到"事"的价值。

过去旅游是一种特别的活动，在那个时代，人们只是前往著名的观光地，看到平时看不到的"物"，就会感到满足。现在旅游已经很普遍了，人们进而开始追求"事"的价值，思考在旅途中的见闻和体验对于自己具有什么意义。

· 通过"假设和验证"提供"事"的价值

重视"事"的价值，即客户体验价值，会和收益挂钩。

同样都是便利店，为什么 7-Eleven 的日均销售额能够和其他连锁店拉开如此大的差距？背后有各种各样的因素，其中一个重要原因就是顾客通过在 7-Eleven 购买商品或服务，不仅在"物"的层面获得了优质商品，还在"事"的层面获得了满意的体验价值。

之所以这样说，是因为 7-Eleven 的各家门店都在通过"假设和验证"对单品进行全面管理。

关于单品管理，我来说明一下。

我们 7-Eleven 的门店，每天上午都会为第二天的进货下订单。不过，我们眼下看不到第二天顾客的需求。因此，我们会对第二天的畅销商品进行假设。

首先，根据第二天的气象条件、活动安排等已知信息，揣摩顾客的心理。然后，以该心理为依据，对每个单品中第二天的畅销商品进行假设，下订单。最后，用 POS（销售时的信息管理）数据验证销售结果，并应用于下一次假设。

每天重复这个循环，就是单品管理。

那么怎样进行假设呢？我经常举的例子就是"海边的便利店与梅干饭团"。

假设在一个海滨城市，在靠近钓鱼船码头的路旁有一家 7-Eleven 门店。现在正是钓鱼的旺季。第二天是周末，据天气预报说是个大晴天，是钓鱼的绝佳天气。预计第二天一大早就会有钓鱼爱好者来店里购买午餐。

中午气温似乎会上升得很高，钓鱼人应该会购买在他们印象中能够保存较长时间的食物。"既然如此，梅干饭团应该会畅销吧？"，这样假设之后，门店就要比平时多采购一些梅干饭团。

钓鱼人来店里是为了购买午餐，不过还没有决定买什么。当他们看到货架上摆着大量梅干饭团，旁边的卖点广告上写着钓鱼和梅干饭团是绝配，他们就会发现自己原本没有意识到的需求，一个接一个地买走饭团。

到了中午，他们会对梅干饭团这个"物"（商品）的味道感到满意，与此同时，即使在炎炎烈日下也能放心地吃饭团，这件"事"（体验）会让他们感受到价值和满足。

于是，他们会认为"那家便利店很懂钓鱼人的心思"，对该店给予好评，以后也会反复来店里消费。此时便会增加客户忠诚度（想要重复购买的程度）。

这家海边的便利店，通过提供令顾客满意的客户体验，获得了相应的收益。

就像这样，7-Eleven 每天都在执行"假设和验证"，在订购商品时，会揣摩顾客的心理，预测其行为，推测其希望获得的体验（"事"），以此假设第二天畅销的商品，订购该商品（"物"），并验证结果。

客户体验这个概念大约在 2000 年以后进入日本，受到了人们的关注。而 7-Eleven 自从 20 世纪 70 年代创业之初，就坚持践行"假设和验证"，一直为顾客提供满意的客户体验。

在便利店，顾客通过"购物"这一体验，能够获得的最大价值是"便利性"。我还在一线工作的时候，曾经挑战过很多事情，其中大约 80% 都是为了追求便利性这一体验价值。

· *"严冬里的凉面"畅销的原因*

当顾客开始关注通过体验（"事"）获得的价值时，顾客的心理体验就变得很重要了。通过"海边的便利店与梅干饭团"的例子也可以看出来，顾客在满足于梅干饭团的味道的同时，还能获得"安心"这种心理价值，这也让他们感到满意。

在假设之前，我们必须揣摩顾客的心理。我一贯主张"必须从心理学角度，而不是从经济学角度来思考现代的消费社会"，坚持贯彻心理学经营，重视顾客的心理。

例如，即使是寒冷的冬天，在气温上升、微微冒汗的日子，7-Eleven 有时候也会销售凉面。作为"物"，凉面的物质层面的、可估量的价值在于"面的凉爽度"和"面汤的冰爽味道"等方面。单从这一点来看，凉面应该算是"夏季的食物"吧。

但是，即使是寒冬腊月，在微微冒汗的艳阳天里，人们也会感觉凉面好吃。顾客通过"冬天吃凉面"这一体验（"事"）感受到心理层面的价值，获得了满足感。

这个"严冬里的凉面"也是店员在前一天根据次日的气象信息，揣摩顾客的心理，预测顾客的行为，推测其想要获得的体验，然后通过假设构想出的方案。

我们不只是销售商品（"物"），还要通过商品提供体验（"事"）。

那么，顾客满意的体验价值究竟是什么样的呢？

要想提供令顾客满意的体验，需要什么样的主意和方式呢？

多年来，我在经营零售企业的同时，凭借独有的心理学经营方式，看透了顾客期望获得的心理层面的价值，通过"假设和验证"，摸清了顾客追求的购物体验。

如今人们对于客户体验或客户体验价值这个概念的关注度日益提高，我将本书呈现给各位读者，目的是把我迄今为止践行的"假设和验证"的工作方法以及心理学经营的精髓传递给大家。

本书共由四章组成，分为 36 小节，由新闻记者胜见明先生负责组稿并设计标题。迄今为止，我们二人搭档出版了好几本书。本书采取了问答形式，由他根据每个小节的主题提问，我来回答。

我衷心希望本书能够为广大读者提供满意的阅读体验。

铃木敏文

# 目录
## CONTENTS

第 **1** 章

## 进入销售"事"的时代

第 **2** 章

## 客户体验经营需要什么样的思维方式？

第 **3** 章

## 如何创造出顾客追求的体验价值?

第 **4** 章

## 沿着客户旅程思考战略

## 后记

# 第 1 章

进入销售"事"的时代

# 1 | 疫情让客户体验
变得更重要

· 即将到来的"消费紧缩型社会"

 由于新冠疫情，世界上大多数人都不得不面临生活上的戏剧性转变。我想知道后疫情时代的社会将是什么样子的。

首先，我想问一下日本人的消费行为会出现什么样的变化。铃木先生，请谈一下您的看法。

**铃木：**我在流通行业摸爬滚打了半个世纪以上，迄今为止经历了种种紧急事件，比如石油危机、泡沫经济破裂、雷曼事件、东日本大地震，但是像新冠疫情这么大的冲击还是头一次遇到。

首先，我们必须认识到一个前提，那就是日本社会不会直接回到疫情之前的状态。

人们的工作方式应该会发生巨大的变化。远程办公和居家办公的方式在全世界范围内普及开来，日本也出现了这种倾向。很多企业将会按照一定比例延续这种方式。我估计，今后在去公司上班和居家办公之间谋求平衡的工作方式将会固定下来。

那么，消费方式将会发生什么样的变化呢？政府宣布事态紧急之后，呼吁人们尽量减少外出，在此期间消费出现了大幅度的下滑，可见人的外出次数与商品或服务的消费量之间存在紧密的关联。

一旦远程办公的模式固定下来，人的外出次数就会减少，消费也会相应地减少。如果出门上班的次数减少了，人们的服装费、餐饮费和交通费也会比以前减少。在这些和传统消费相关的行业，人们在后疫情时代迎来的无疑正是"消费紧缩型社会"。

另外，上班之外的自由时间将会增加。根据各种调查，在拥有居家办公经验的人当中，九成的人希望继续这种工作方式，他们回答说"由于不用通勤，可以有效利用时间"。

如果每天的时间分配方式发生变化的话，消费方式也会发生巨大的变化。传统消费将会减少，而随着自由时间的增多，将会产生新的消费。

消费市场将会出现前所未有的大转变。卖方需要的是应对这种变化的能力。只有那些能够应对变化的卖方才会成长，无法适应变化的卖方将不得不退出市场。

## ·关键词是"休闲化"和"全家一起"

 那么，在新的生活方式之下，新的消费方式将会是什么样子的呢？

**铃木：**当社会发生变化时，卖方如何揣摩买方的心理就显得尤为重要。由于远程办公，上班之外的自由时间增多，人们自然会想更加有效地利用多出来的时间。这就是买方的心理。

因此，关于消费的方向，我能首先想到的就是消费的"休闲化"。消费本身会逐渐休闲化。

休闲这个词本来的意思是"自由时间、闲暇"。给自由时间或闲暇赋予价值的便是休闲。在后疫情社会，不论行业和营业情况如何，在思考提供的商品或服务的理想状态时，我认为都有必要把"休闲化"作为一个关键词。

到那时候，"全家一起"将会成为另一个关键词。在家庭当中，实质上掌握决定权的往往是太太和孩子们。因此，家庭内部的休闲性消费将会更优先全家一起的活动。

例如，为了防控疫情，在减少外出期间，父母和孩子在家里一起制作蛋糕、烤面包等活动逐渐成为热潮，所以超市的面粉和黄油常常处于断货状态。由于空余时间增多了，全家一起制作美食就成了一种休闲活动，这应该是一个很好的例子吧。

由于疫情，众多企业的销售额出现了大幅度滑落，在这种背景下，有的企业反倒提升了业绩，宜得利（NITORI）控股集团便是其中之一。我和该集团的董事长兼 CEO 似鸟昭雄先生很熟，关于消费方向的变化，他也和我做出了同样的预测。

人们都开始用心思考不外出的情况下开心过日子的方法，结果大家关注的焦点就成了"想把家里变得更舒适""想彻底收拾整理一下""想改变房间布局，换个心情"。

宜得利的产品本身就很好，消费者通过使用其产品，整理了家里的物品，改变了室内的布局。这种体验给他们带来了价值感。宜得利的良好业绩就是最好的证明。

似鸟先生指出，欧美有一种文化，就是在周末将朋友及其家人邀到家里开派对，日本也有可能诞生这种文化，也就是"邀请重要的人来自己家里玩"。从这一点来看，"全家一起"和"休闲化"也会成为关键词。

## ·便利店也需要适应"脱离节气时令型消费"

**铃木**：第三个重要的关键词就是"脱离节气时令型消费"。这一变化也许会给便利店的经营方式带来巨大的转变。

迄今为止，为了让消费者在生活的方方面面节约时间，日本的企业提供了各种商品和服务，取得了长足进步。便利店就是一个典型的代表。

7-Eleven 是日本第一家真正意义上的便利店连锁机构，我创业那年是 1974 年。从那以后，便利店接连不断地为消费者提供着节气时令型的商品和服务。

我们刚开始研发饭团和盒饭时，也遭到了周围人的反对，理由是"按照常识，这种东西都是在家里就能做的，不可能畅销"。可如今光是 7-Eleven 卖出的饭团，一年就有大约 23 亿个。

但是，在后疫情社会，消费者的价值观有可能发生很大的转变。

在生活的某些方面，人们会一如既往地谋求如何节约时间。但在另一些方面，人们不会一味地缩短时间，而是会利用空余时间追求"独创性"。

从"完成品"到"亲自组装"再到"产出创意"，买方希望从商品或服务中获得的体验价值也在发生变化。在响应政府号召尽量减少外出的时期，由于人们都想在家里制作蛋糕、烤面包，所以面粉和黄油卖得很快，这一现象也表明了这种变化趋势。

7-Eleven 的基本理念是提供"当今时代人们追求的'近而方便'"。为了完成这一构想，7-Eleven 在备货时除了会备节气时令型商品，还会考虑满足"全家一起休闲活动"和"亲自组装、产出创意"等需求的商品，以便应对买方对"方便"的不同追求。

例如，当顾客突然想邀请别人来自己家里开派对时，能够让他在附近的便利店里购买到所需的商品，也能提高顾客的满意度。这样一来，我们在备货时就不能一刀切，适应各自商圈特征的单店主义就变得越来越重要。

## ·卖方和买方的关系正在不可逆转地迈向下一个阶段

 在后疫情社会的"新日常生活"中，人们的工作方式发生了变化。随着自由时间的增多，人们的生活方式也出现了变化。卖方必须满足买方变化后的需求。

铃木：即使疫情结束，顾客的生活方式也不会完全回到疫情之前的状态，而是会迈向下一个阶段。同样道理，卖方和买方的关系也不会完全恢复原样，我们需要摸索着进入下一个阶段，建立新的关系。

作为卖方，我认为我们不能单纯地销售"物"，而是要通过该"物"看到顾客追求的"事"，预测其行为，并推测其希望获得的体验，这种假设会比以往更加重要。

# 2 张弛有度的消费和自我奖励性消费都是典型的客户体验型消费

## ·现代消费者普遍拥有"不想蒙受损失的心理"

 日本是世界上少子化和老龄化进展速度最快的国家之一，其青壮年劳动力的负担今后也会不断加重。如今是一个前景不明朗、充满不确定性的时代。我们不清楚疫情之后的社会将变成什么样。

您认为这些状况会给消费者的心理带来什么样的影响？

铃木：首先，人们普遍会有避免损失的心理，即不想失去眼下拥有的东西，不想蒙受损失。

人不会把损失和收益放在同一个天平上，面对同样的金额，人们会感觉损失大于收益。即便同样是 1 万日元，比起得到 1 万日元带来的喜悦和满足，失去 1 万日元带来的痛苦和不满会放大

2~2.5 倍。因此，人在行动时会考虑尽量避免损失。这种心理在行为经济学中被称为"损失规避"（图 1-1）。

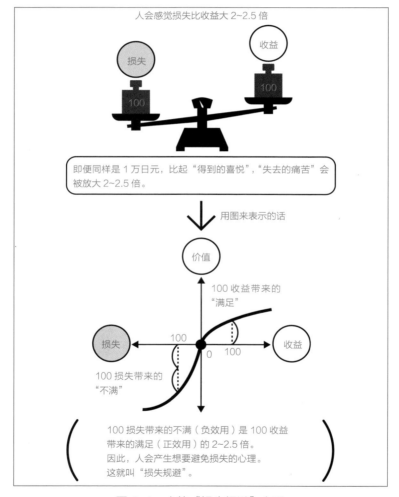

图 1-1　人的"损失规避"心理

在传统的经济学领域，人被假定为"理性经济人（homo economicus）"，每个人都会按照自己的经济情况合理地计算得失和概率，并根据计算结果进行判断和行动，确保自己总是能够获得最大的收益。这种假定的前提是不考虑心理方面的影响。

但是，现实中并不存在那样的人。虽然大家都明白吸烟有害健康，但还是有人吸；同样是花费 1 万日元，有的人买衣服时会犹豫不决，花在餐饮上却毫不犹豫。也就是说，人们未必总会做出合理的判断。

因此，近年来，侧重研究消费者心理因素的行为经济学受到了人们的关注。

在行为经济学受到广泛关注之前，我就提倡"不能只从经济学角度，要从心理学角度思考现代的经济和消费社会"。我一直宣传重视顾客心理的经营方式的重要性，并践行这一观点。

因此，当我阅读与行为经济学相关的书籍时，经常感觉"书上写的内容和我以前说过的话一样"。我本人也写过一本书，名叫《铃木敏文的实践！行为经济学》（朝日新闻出版社发行）。

同样是花费 1 万日元，用来买服装和用来就餐时，带来的"事"的价值（体验价值）不同。虽然同样是 1 万日元，比起"得到"带来的正向的体验价值，"失去"带来的负面的体验价值让人感觉更大。

传统的经济学讨论的问题是物质层面的、可估量的"物"的价值，而行为经济学讨论的问题是心理层面和情感层面的"事"的价值。

## ·消费者寻求的是"让消费正当化的理由"

铃木：现代的消费者普遍都有规避损失的心理。不过，他们并不是不愿消费，如果有正当的理由，他们就愿意买东西。也就是说，现代的消费者都在寻求"让消费正当化的理由"。

牛窪惠女士是一位营销作家，她了解不同年龄层的流行趋势，也很熟悉消费者的购买行为。我就这个问题采访她时，得到了很有意思的回答。牛窪女士运用她独创的"单身市场""草食系男子"等关键词撰写了市场分析，获得了公众的一致认可。

据牛窪女士说，虽然与被称为"一亿总中产"[①] 的时期相比，如今日本社会的阶层化差异日益明显，但无论哪个阶层的人的花钱方式都一样，即"把钱花在自己重视的事情上，在其他方面尽

---

① 一亿总中产，又称"一亿总中流"，是指在日本经济高速成长期，约一亿日本人自认为是中产阶级，"消费美德"成为一时社会风气。——编者注

量节省开支"。她把这一现象称为"张弛有度的消费"。

例如，在购买碗碟的时候，人们也会根据自己的生活方式和当天的心情，选择在百元店或高级专卖店购买，像这样的区分购买方式日渐盛行。也就是说，人们会根据当时的心理状态，选择不同的购物体验。

令我深感有趣的是，顾客在购买零售行业的自有品牌产品时，也出现了"张弛有度的消费"现象。

他们在工作日购买柒和伊控股公司的自有品牌商品——Seven Premium 系列的熟食，而到了周末，则购买更高级的 Seven Premium Gold 系列的优质商品。后者的价格虽然是前者的两倍多，但采用了优质的食材和高级饭店的烹调方式，所以具有更高的附加价值。

在购买 Seven Premium Gold 时，他们也不和制造商品牌（National Brand，简称 NB）商品比较价格高低，而是抱着"这是对自己努力了一周的奖励"的心理，进行张弛有度的消费，这一类案例十分引人注目。

他们认为欢度周末时光很重要，想要通过自我奖励性消费稍微奢侈一下，实现所谓的"轻奢"。

 您说所谓 Customer Experience（CX），是指"客户在购买或使用商品或服务时获得的体验"（客户体验），以及"通过体验可以获得的心理层面和情感层面的价值"（客户体验价值）。那么张弛有度的消费和自我奖励性消费应该属于典型的客户体验型消费吧。

传统的经济学把人假定为按照自己的经济情况合理地进行消费活动的理性经济人，而 20 世纪的代表性历史学家约翰·赫伊津哈（Johan Huizinga）提出了"游戏的人"的概念，他认为"游戏"才是人类的本质特征。

那些享受张弛有度的消费和自我奖励性消费的消费者也许正是"游戏的人"，他们希望在消费的世界里找到"游戏"的要素。比起商品本身，他们对该商品包含的意义和背景更感兴趣。

**铃木**：为什么现代的消费者开始倾向于张弛有度的消费或自我奖励性消费呢？我认为，那是因为他们在寻求能够让自己接受购买行为的理由，即"选择的合理性"。

如果你要问顾客想买的是什么，那么答案就是产品的价值。Seven Premium Gold 品质卓越，自然价格偏高，但是顾客心想"因为今天是周末""这是对自己努力了一周的奖励"，认为产品拥有值得购买的价值，从而寻求让自己接受购买行为的理由，将消费行为正当化。

他们并非单纯地购买 Seven Premium Gold 系列的"物"（商

品)本身,而是为了调剂生活,作为周末给自己的奖励,在购买 Seven Premium Gold 这件"事"(体验)上感到了价值,从而开始享受张弛有度的消费和自我奖励性消费。

也许这意味着消费行为不再是单纯地购买"物"本身,还开始具有娱乐活动的性质。当顾客有了"让自己接受购买行为的理由"和"让消费行为正当化的理由"时,购买体验就会给他们带来价值,消费行为就会产生意义,并且带上了娱乐活动的性质。

顾客不是把钱花在"物"上,而是把钱用在自己想体验的"事"(活动)上。

我认为,张弛有度的消费和自我奖励性消费象征着我们开始从购"物"时代步入了购"事"时代。

好侍食品(House Foods)于 2021 年 2 月推出了一款名叫"夜宵轻食咖喱"的商品。据说该公司调查了消费者的烦恼,发现很多二三十岁的女性会提到"很晚吃夜宵会感到苦恼"。

消费者因为工作晚归,不想做饭,但想饱餐一顿,同时又不想变胖。于是,该公司特意针对吃夜宵的人开发了一款汤汁型咖喱,用微波炉热一下就可以吃。

该产品的主要食材是厚生劳动省推荐的每日摄入量的三分之一的蔬菜,开发人员通过尽量减少油脂和面粉,将热量控制在了 90 千卡左右。这款产品既帮助消费者减轻了晚间吃咖喱的"罪恶感"，又能给他们带来咖喱的适度刺激感，使购买这件"事"让他们的身心都能获得满足感。这正是"让自己接受购买行为的理由"和"让消费行为正当化的理由"。

日本可口可乐公司推出的"乐活（ILOHAS）"矿泉水，人们在饮用完之后可以轻松地将容器拧变形，从而缩小其体积。采用这种超轻塑料瓶，可以让回收再利用变得更容易，减轻对环境造成的负荷，这种体验价值成为让消费者说服自己购买的理由，让消费行为变得正当，从而获得了消费者的支持。

**铃木**：只宣传"物"的价值的时代结束了，发掘"事"的价值已成为开辟市场的条件。

# 3 引导方式会改变同一事物的销售方式

· "旧物折现大甩卖"比"打八折"受欢迎

张弛有度的消费和自我奖励性消费会成为让自己接受购买行为的理由和让消费行为正当化的理由,让消费者感到体验价值。当消费行为能够催生体验价值时,它就开始具有娱乐活动的性质。

这样一来,卖方为了让顾客感到消费行为中的娱乐元素,就必须为其提供说服自己购买该商品或服务的理由,让消费行为变得正当。

**铃木**:例如,雷曼事件过后,在消费水平暴跌的情况下,伊藤洋华堂为了打破不景气的状况,按照我提出的方案开始实施"旧物折现大甩卖"企划,结果十分火爆。

企划的具体内容是，每当顾客购买衣服的总金额达到 5000 日元时，就以 1000 日元的价格回收一件顾客不穿的旧衣服。

从道理上讲，旧物折现大甩卖和"打八折"是一回事。因此，当初公司内部有很多人提出质疑："现在即使打折也很难卖出去，如果不打折，只是回收旧衣物的话，顾客估计不感兴趣吧。"这是卖方角度的思维方式。

但是，我关注的是顾客的心理和感受。

现在由于物质过剩，每个家庭的衣柜里都有不穿的衣服。从客观角度来看，不穿的衣服没有任何价值，但是，扔掉的话就会觉得是一种损失，所以人们很难自己动手扔掉。

不过，通过旧物折现，不穿的旧衣服就会产生新的价值，促使顾客把它换成钱再去购物。

人对损失和收益的感受是不同的。通常来讲，"失去"带来的损失比"获得"带来的收益感觉更强烈。不过，如果是旧物折现的话，失去的是本就不需要的旧衣服，获得的喜悦就会超过舍弃衣服带来的损失感，所以顾客就会跃跃欲试。

如果只是打八折，顾客不会特意去买衣服。但是，如果能够把不穿的旧衣服拿去折现，用换来的钱再买新衣服的话，顾客就能说服自己接受购买行为，让消费行为变得正当。这就是为什么卖方要考虑人的心理、人的感受、人的情感的原因（图 1-2）。

结果旧物折现大甩卖十分火爆，其他超市和百货商店纷纷效仿。

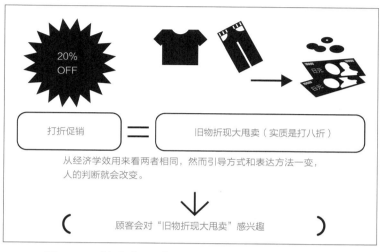

图 1-2　"打折"和"旧物折现"看似相同，实则不同

　　　　铃木先生，请问您是怎样想到旧物折现大甩卖这个点子的呢？

**铃木**：对大甩卖提出质疑的人们的逻辑是："旧物折现等于打八折""如今即使打折也很难卖出去""光靠旧物折现顾客不会感兴趣"。

有些人认为旧物折现和打八折是一回事，因为在他们看来，两种促销方式都是让顾客用 4000 日元购买 5000 日元的衣服，从这一点来说没什么两样。这是"物"的层面的思维方式，只考虑到销售商品，没有关注到旧物折现对于买方的意义。

但我是这样想的：既然顾客的衣柜里有不穿的衣服又舍不得扔，没有空间放新衣服，那我想一个办法帮他们把衣柜腾出空间来就可以了。如果能让不穿的衣服有了价值，又能让衣柜里腾出空间来，顾客应该就会来店里。

通过购买 5000 日元的衣服，把不穿的衣服折现获得 1000 日元，顾客在旧物折现大甩卖的一系列体验中感到了价值，消费行为就开始具备娱乐活动的性质。这属于"事"的层面的思维方式。

给大家讲一个较早之前的案例，1997 年消费税率被提升到 5% 的时候，我们实施的"消费税返还大甩卖"也是同样道理。

当初我给分管营销的领导提出这个方案时，大多数人都持反对意见。理由是"返还消费税等于打九五折""平时甩卖时即使打九折或打八折也未必能卖出去，九五折应该无法吸引顾客"。结果方案实施后引起了很大反响，销售额提升了 60%。

其中，价格高的商品尤其畅销，例如好几万日元一件的羊绒大衣。

虽然对于国家财政来说，有必要提升消费税率，但是消费者还是不能马上接受。因此，不是"打九五折"，而是"返还 5% 的消费税"这一娱乐元素受到了大家的欢迎。

## · "严冬里的凉面"为何畅销？

 客户体验重视的是"购买前—购买—购买后"的整个过程。有些人认为"旧物折现等于打八折""返还消费税等于打九五折"，是因为他们只看到了购买的阶段。其实，旧物折现大甩卖和消费税返还大甩卖重视的是在这一系列过程中人的心理变化。

**铃木**：人的消费行为总是和心理、情感结合在一起，了解这一点很重要。

我在序言中也讲过，即使是冬天，在气温上升、微微冒汗的艳阳天里，7-Eleven 有时候也会把凉面摆在货架上。

按照"物"的层面的思维方式考虑的话，凉面属于夏天的食物。进入初夏后，中餐馆门口张贴着"开始销售凉面"的广告，是夏季独有的一道风景。

但是，即使在冬天，气温上升的话人也会感到"有点热"，想要享受一下"冬天吃凉面"的体验（"事"）。这里面也许还有自我差异化的心理在起作用——想吃和别人不一样的东西。

消费越趋向于饱和，心理因素就越左右消费行为，消费行为就开始具备娱乐活动的性质。当买方已置身于"享受'事'的心理世界"里时，卖方就不能再待在"销售'物'的逻辑世界"里招待顾客。

# 4 重视客户体验催生的 7-Eleven 实验店

## · 7-Eleven 的"店铺创新项目"

**铃木**：我们要把思维方式从"物"的层面转换到"事"的层面，关注顾客想要通过商品或服务获得什么样的体验。然后，为他们提供购买的理由，让他们相信自己的选择是合理的，有购买的价值。

这种思维方式的转换，引导 7-Eleven 实验店走向了成功，我给大家介绍一个案例。

便利店的经营方式也要适应社会和市场，并随之变化。于是，我下达了指示："十年后、二十年后的 7-Eleven 应该是什么样子的呢？大家要全盘忘掉过去的经验，尝试挑战前所未有的新事物。"我曾在 2012 年启动过一个"店铺创新项目"，让员工探索不远的将来的 7-Eleven 形象。

由少数精英组成的攻坚团队走访了厂家的展销会，参加了各种论坛，努力向顾问、研究人员、IT 从业者等各方面的专家收集信息。

其中，特别具有参考价值的是厕所和厨房设备的展销会。厕所设备的话，要尽量方便打扫；厨房设备的话，要尽量减少家庭主妇的负担，避免总是蹲下站起。

他们不是只销售马桶或厨具本身，而是寻找或想象连顾客都没注意到的不满或不便之处，有针对性地提供价值。也就是说，他们通过商品提供体验价值。团队发现，便利店的卖场提供的商品也应该如此，因而思维方式发生了很大变化。

关于当时的发现，团队带头人这样说道："我们不再以'物'为轴心看待商品，而是以'事'为轴心思考，顾客因为什么样的'事'才会购买该商品。思维方式从'物'的层面转换到了'事'的层面。"

不以"物"而是以"事"为轴心看待商品。"事"的价值在该"物"和买方的相关性中产生，即该"物"在当时那个场合下对于买方来说具有什么样的意义。

当消费者对某种商品的某个方面产生了同感和共鸣时，两者就产生了相关性，催生了"事"的价值。对于消费者而言，那将成为让他说服自己购买的理由，让他相信自己的选择，认为物有所值。由于"事"的体验价值属于主观性的价值，所以无法用数值来表示。

消费者的需求逐渐从"物"转为"事"。要想适应这一变化，卖方也必须将思维方式从"物"的层面转换到"事"的层面。7-Eleven 的店铺创新项目就始于团队成员们的这一发现。

## ·打造适合"女性聚会"和"在家喝酒"的卖场

 在店铺创新项目中，神奈川县的 7-Eleven 川崎登户站前店作为实验店受到了媒体的关注。

**铃木**：不再从"物"的层面，而是从"事"的层面进行思考，川崎登户站前店转变了思考方式，并开始了实证试验，探索能够打造什么样的店铺。

团队成员先从掌握商圈的特点着手。他们发现，商圈中女性人数较多，由于老龄化的加速，75 岁以上的老年人较多。另外，虽然每天在附近车站上下车的乘客多达 20 万人，车站前的大型连锁居酒屋却只有一家。

因此，他们推测女性聚会的需求可能比较大，在家喝酒的需求可能也很大，为了满足女性聚会和在家喝酒等"事"的层面的需求，他们在卖场设计方面进行了大胆的挑战。

也就是说，他们先是预测顾客的行为，推测其想要获得的体验，然后进行假设，开始了调整卖场设计的实验。

在备货方面，他们大大增加了女性喜欢的水果系列利口酒的数量，在酒品专柜的周围，除了传统的美味糕点和豆类零食，还摆上了奶酪、生火腿、西式咸菜、鹅肝酱、咸饼干、果干等，以便买酒水的顾客一眼就能看到。这样的"在家喝酒专区"，让顾客的脑海中能够浮现出"有美酒的快乐餐桌"。

另外，关于 Seven Premium 的熟食（"物"）为何畅销，他们从"事"的层面探寻了顾客购买的理由，发现主要原因是"单人份"、"可细分"和"易保存"。

于是，他们把具有相同特征的冷藏熟食和冷冻食品摆在一起，以便顾客能同时看到。这样实施一段时间后，该店的冷冻食品销售额达到了所有 7-Eleven 门店平均额的 5 倍。

同样，将冻干的味噌汤等速食汤类食品摆在一起后，销售额从原本一天 500 日元提升到了 3000 日元。

在这个案例中，团队成员从"事"的层面出发，预测顾客想要获得的体验，让当地顾客产生了新的需求，例如享受在家喝酒的乐趣和缩短家务劳动时间，从而为销售额的提升做出了巨大贡献。

· 通过"WAIGAYA（自由讨论）"集思广益并用于卖场

 您的意思是，团队通过假设挖掘出了顾客的潜在需求吧？不过，顾客感受到的体验价值是主观性的。怎样才能假设顾客的潜在需求呢？

铃木：在用"事"的思维方式打造店铺时，项目团队更多地听取了女性的意见。

根据各种数据对商圈进行调查的方法叫作定量调查。通过定量调查，可以摸清已经表面化的需求，却无法掌握顾客的潜在需求。即使根据表面化的需求准备"物"（商品），也无法让顾客感受到新的价值。

只有那些连顾客自己都没注意到的需求，才能给他们带来新的体验，产生"事"的价值。为了调查"看不见的'事'"，项目团队花费了很多精力，通过"WAIGAYA"进行了定性调查。

所谓WAIGAYA，是指参会成员跨越职位和立场的差异，自由地发表意见，从而产生新创意的集会。这是汽车厂商本田开创的会议方式，听说本田公司在开发新产品时，总是采用集训的形式。

攻坚团队的带头人在参加柒和伊集团为培养后备干部而举

办的研修时，讲课的是本田公司的原高层干部，那次听课成了他采用 WAIGAYA 的契机。

7-Eleven 自创业以来，负责运营的员工都是以男性为主，所以运营方式在很大程度上反映的是男性的价值观。由于以前来店里的顾客也大多是男性，所以这种运营方式是行得通的。

2009 年秋天开始，我们把我们的"当今时代人们追求的'近而方便'"作为经营理念。以前我们的商品都是以盒饭和饭团等即食食品为主，自那以后备货的主流改为了熟食类产品，以便顾客减少备餐时间。店内商品陈列发生变化后，女性顾客所占的比例逐年升高（关于"备货的大幅度调整"，我会在后文详细讲述）。

因此，项目团队召开了一场主题为"VOICE"的会议，目的是觉察在以男性为主的环境中"没能认识到的价值观"。

7-Eleven 在全日本都有连锁店，分区域设置了地区办事处（District Office，简称 DO）的据点。DO 的办公室里有负责处理加盟店会计业务的员工，大多都是各个地域在当地招聘的年轻女性。

于是，团队把 DO 的女员工和总部的女员工分别召集起来，让她们以 WAIGAYA 的形式就"事"的层面的主题自由展开讨论，比如"眼下感到困扰的事""感到不满的地方""感到不方便的地方"等，以期挖掘出顾客的潜在需求。

WAIGAYA 和定量性问卷调查不同，哪怕只有一个人发表意见，我们也能根据周围人对该意见的赞同程度，了解顾客的不满和不便之处。

· 全新的 7-Eleven 门店的诞生

铃木：团队将收集来的定量数据和定性信息以"事"的思维方式进行整理，思考如何打造新的店铺形象。作为店铺创新项目的一环，门店的员工也会一起参加 WAIGAYA 会议，大家在反复讨论的过程中逐渐推导出假设。

经过这样的流程，川崎登户站前店诞生了一个和传统的 7-Eleven 门店截然不同的新卖场。

比如说卫生间。在设想客户体验的基础上，他们扩大了室内空间，设置了女性专用的更衣台，这就是典型的"事"的思维方式。

女性顾客之所以在 7-Eleven 购买长筒丝袜，往往不是为了追赶时髦，而是为了应付勾丝脱线等紧急情况。也就是说，她们不是单纯地想要长筒丝袜这个"物"（商品），而是寻求换穿这件"事"（体验）。

这也是在听取女性意见的过程中发现的，属于男性"没能认识到的价值观"。

于是，团队在卫生间里安装了更衣台，在店铺入口处的门上贴上图画文字，告知顾客店内有更衣台，结果长筒丝袜的销售额提升到了原来的 3 倍多。

另外，以前女性喝的营养剂也和以男性为主要客户群体的保健品、补品被摆在一起，造成了女性不好意思选购的局面。

因此，为了满足"女性放松身心"这一"事"的层面的需求，他们设置了专门面向女性的区域，在货架上摆上了女性喝的营养剂、洋甘菊等香草茶、入浴剂、用来消除疲劳的蒸汽眼罩以及面向女性的书籍，旁边还配上了长筒丝袜和女性杂志。

他们通过交叉销售①，探索能给顾客带来什么样的体验，打造出具有"事"的意义的卖场，结果女性喝的营养剂的销售额增加到了原来的 1.2 倍。

另外，在以 VOICE 为主题的 WAIGAYA 活动中，谈到不含酒精的饮料时，有很多人提意见说："7-Eleven 的饮料要么是热的，要么是冰的，为什么只有这两种选择呢？"

按照男性的价值取向，顾客对饮料的需求只有两种，一种是加热到烫手的，另一种是冷藏的。而按照女性的价值取向，她们还有一个对常温饮品的需求。

女性认为喝冷藏的饮料会让身体发冷，而且如果把喝剩的冷饮直接放进包里的话，瓶子"冒汗"，会把周围的物品弄湿。

---

① Cross-merchandising：将不同种类的商品组合在一起，在同一个卖场销售。

这是她们觉得不方便的地方，也是男性"没能认识到的价值观"，属于顾客的潜在需求。

于是，门店在备货的时候也准备了常温饮品，结果饮料的销售额提升到了原来的 1.5 倍。

在推进实证试验的过程中，为了防止周围的人把旧的想法和闲言碎语掺杂进来，我严令 7-Eleven 的总经理以及全体高层干部："即使有话想说，也绝对不能说。""哪怕店铺破产关门，也不能给出任何建议或指导。"我还禁止他们去店里视察。

川崎登户站前店一心一意地把在 WAIGAYA 会议中搜集上来的各种意见反馈到卖场经营中。在 2013 年 2 月开始实证试验之前，该店的日均销售额仅为 40 万日元左右。到了 2015 年度，该店销售额飞速增长到了近 100 万日元。

预测顾客的行为，推测其想要获得的体验，在此基础上进行假设，不被过去的经验束缚，按照新的思维方式设计店铺，然后，通过商品或服务给顾客提供新的体验价值，就能大幅度提升销售额。通过店铺创新项目的实验，我们验证了这一点。

# 5 | 为何客户体验价值变得日益重要？

## ·背后原因在于消费的饱和

　　关于客户的满意度和企业收益之间的关系，美国的舆论调查公司盖洛普（Gallup）咨询公司做了一项值得关注的调查。

　　在满意度调查中，回答"非常满意"的客户分为两类："理性层面上满意（rationally satisfied）"的客户和"情绪层面上满意（emotionally satisfied）"的客户。

　　该调查显示，"理性层面上满意"的客户和"不满意"的客户采取的行为差不多，而"情绪层面上满意"的客户则会对企业的销售额做出贡献。

　　"理性层面上满意"的对象应该是商品或服务的功能、性能、价格等物质层面的、可估量的价值，换言之，是客户对"物"的价值的满意。

服务虽然并非一般意义上的"物",但是无论是否存在买方（利用该服务的人），服务本身都具有价值。从这个意义上说，我们可以认为服务也具有"物"的层面的价值。

而"情绪层面上满意"的对象应该是通过购买或使用该商品或服务所获得的共鸣、喜悦、兴奋感、安心感、信任感等心理层面和情感层面的价值，换言之，是客户对"事"的价值的满意。

有人把"理性层面上满意"称为"头脑的满足"，把"情绪层面上满意"称为"心灵的满足"。

客户体验价值，正是一种"情绪层面上的满意"，会和企业收益挂钩。

问题是，为什么客户体验价值变得越来越重要呢？

铃木：背后的原因是，进入物质过剩的时代后，人们的消费逐渐趋于饱和了。

在物资匮乏的年代，顾客的购买欲望很强，这也想买，那也想要，经济也在持续增长，卖方只要按照自己的喜好提供"物"，就会有顾客购买，卖不出去的时候，降低价格便宜处理的话也能卖出去。那是所谓的"卖方市场的时代"。买方也在追求"物"的量，卖方只要提供足量的"物"就可以了。在那个时代，用"量"来衡量"物"的想法是行得通的。

但是，现在完全是"买方市场的时代"。有些学者和评论家说："因为物资过剩，所以东西卖不出去。""因为衣柜里堆满了衣服，所以大家都不想买了。"其实这还是在延续以量来衡量"物"的思维方式。

由于生活条件变得非常富裕了，如今的顾客只有认可了商品或服务的"质"的价值，才会选择购买。商品的功能和性能等可估量的、物质层面的价值必须是卓越的。这是必要条件。

更为重要的是，买方希望通过购买并使用该商品或服务，能够获得共鸣、喜悦、兴奋感、安心感、信任感等心理层面和情感层面的价值。

换句话说，除了高质量的商品或服务，顾客也逐渐开始追求高质量的体验。

您的意思是，商家不但要提供价值高的"物"，还要提供价值高的"事"，才能真正满足消费者的购物需求，对吧？

· "肚子饱了"的人会吃什么？

铃木：我经常打这样的比方。假设桌子上摆着各式各样的饭菜。当一个人肚子饿的时候，他会优先选择数量。因为能全部吃完，所以他可以考虑先从不太喜欢的东西开始吃，把喜欢的食物留到最后。

相反，当一个人肚子饱了的时候，他更可能首先关注桌上摆放的饭菜的质量。他确认完那些饭菜的品相后，就会只选择自己喜欢的食物以及不常见的食物。

当前社会物资过剩，消费者可以说是处于"饱腹"状态。在商品质量普遍提升的情况下，顾客追求的是吃到自己喜欢的东西时的喜悦、尝试不常见的食物的兴奋感。只有给他们提供这种有意义、有价值的体验，东西才能卖出去。

例如，为什么男士穿的衬衫能卖出去呢？只要是公司职员，每个人都会有几件。"因为衣柜里堆满了衣服，所以大家都不想买"，如果按照这种以量来衡量"物"的想法，那么卖衬衫的生意就不可能做下去了。

但是，当新的一年来临时，新款的衬衫一上市，公司职员也会想买。这是为什么呢？

关于服装，消费者有两种心理。一种是保持同一步调的心理，即"想和别人一样"，在集体中不受人排挤。另一种是显示自身个性的心理，即"想和别人不一样"。穿上新款的衬衫之后，他们就能获得自我差异化这种心理层面和情感层面的价值。出于这样的考虑，消费者就会购买。

 也就是说，新款的衬衫既有"物"的层面的品质价值，又有自我差异化这一"事"的层面的体验价值，所以能吸引顾客购买。

铃木：即使物资过剩造成了消费的饱和，如果觉得物有所值，消费者还是会购买。即使东西便宜，如果觉得没有价值，消费者也不会买。正因为现在是买方市场的社会，卖方的"销售能力"才面临着巨大的考验。

# 6 | 兼顾价格 和价值

## · 价格偏高的半根萝卜畅销的原因

您说即使东西便宜，如果觉得没有价值，消费者也不会买。那么，"价格低"不算是价值吗？

铃木：当然，价格低也是一种价值。它属于商品具备的物质层面的、可估量的价值之一。如果是同样的商品，消费者应该会选择价格低的。

不过，有一点我可以断定，那就是消费者不会只因为价格便宜就决定购买。

在雷曼事件发生前后，消费者之间"兼顾价格和价值"的倾向越来越明显。

他们不是只关注价格高低，而是重视价格和价值的平衡。

我觉得其中一个原因是他们对商品价格本身的信任度在降低。

当经济不景气的时候，每家店都推出了打折、降价等类似的优惠措施。由于到处都在减价，消费者对减价的感觉也麻木了，对于卖方说的"打八折"也有些怀疑——真的是打八折吗？不会是先提价再打折吧？

正因为如此，"公平价格"在当今的日本变得越来越重要。卖方不能只靠低价营销，还要让顾客接受你的定价，让他们觉得为了获得这一价值，付出这个价格是合理的。

值得注意的是，当顾客兼顾价格和价值时，或者注重公平价格时，他们对价值的考量方式才是最重要的。例如，把一根200日元的萝卜和半根120日元的萝卜摆在一起，以前的话是一整根萝卜卖得好，最近越来越多的顾客选择购买价格偏高的半根萝卜。

在出生率降低、老龄化严重的社会背景下，每户的平均人数减少了，有时候就算买一整根萝卜也吃不完。因为是食物，吃不完的话很容易放坏，顾客会觉得扔掉很可惜，浪费食物会给他们带来负罪感。

如果是半根的话，就能全部吃完。按照每克的单价来算，一根200日元更便宜，从经济学角度看更为划算，然而顾客发现半根120日元的萝卜拥有"可以吃完"的价值，对这件"事"感到满意，所以逐渐开始认可这是公平价格（图1-3）。

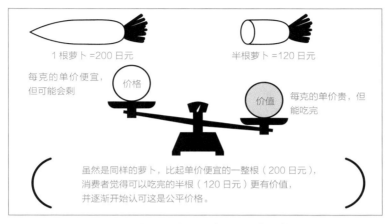

图 1-3 顾客兼顾价格和价值的倾向日益明显

## ·没有价值的东西白给也不要

铃木：人花钱是为了获得相应的满足感，也就是说，人用钱来买满足感。在这个过程中，有时候商品会成为媒介，有时候服务会成为媒介。时至今日，人所满意的价值的形式逐渐发生了变化。

当经济形势好的时候，看到有人买了某个东西，自己也想买，这种"无意识的竞争意识"某种程度上刺激了消费。然而到了物资过剩、消费饱和的时代，人们的这种竞争意识逐渐变得淡漠。

如果是买方认为没有价值的商品，卖方即使打五折也卖不出去。直白地说，如果是消费者认为的"免费也不需要的商品"，那就真的是白给也没人要。

买方开始思考：自己会对什么样的"事"感受到价值和满足？对于想买的东西，自己重视的是哪个方面？他们逐渐磨炼出了购物的智慧。

 既然买方磨炼出了购物的智慧，那么卖方也需要想方设法提升销售技巧。当双方的智慧达成一致的时候，就会诞生在价格和价值两方面都让人满意的商品。

铃木：柒和伊集团的 Seven Premium 就是一个典型的例子。Seven Premium2021 年度的销售额达到了 1.4 万亿日元左右，接近同行业其他公司的自有品牌商品的两倍。

自 2007 年开始发售以来，该系列产品 13 年间的累计销售额超过了 10 万亿日元，年销售额在 10 亿日元以上的商品有 200 多种。这是因为它们的价格公平，受到了消费者的信任。

另外，Seven Premium Gold 的价格虽然是 Seven Premium 的两倍以上，由于它采用了优质的食材和高级饭店的烹调方式，具有更高的附加价值，所以也得到了消费者的广泛支持。

作为自有品牌商品，为什么 Seven Premium 能够具有压倒性优势呢？那是因为它打破了自有品牌商品的原有定义，确立了全新的定义。

在下一节，我们一起来看一下 Seven Premium 成为热卖商品的原因吧。

# 7 Seven Premium 的年销售额为何能接近 1.4 万亿日元?

## ·打破常识:"追求高级感"和"标明制造商"

铃木:Seven Premium 为什么能够成为热卖商品,年销售额达到近 1.4 万亿日元呢?

自有品牌商品是零售企业和制造商联手打造的,从企划到销售全程由自己公司的人负责,所以可以控制成本。零售企业自有品牌商品原有的定义一般是"比制造商品牌商品便宜的商品"。比起品质来,人们更优先看重它的低价格。

我打破了原有的定义,严令员工"不要优先考虑低价,要彻底追求品质",而且"要以合适的价格提供超越制造商品牌商品的品质",于是诞生了史无前例的自有品牌商品。

通过追求高级感,Seven Premium 颠覆了自有品牌商品原有的概念,进而打破了零售行业原有的概念。

以前,制造商品牌的常识是制造商不生产零售行业的自有品牌商品。但是，要想追求品质、实现目标，无论如何都需要获得这些制造商的协助。

于是，我们努力向在该行业或该商品领域中实力得到公认的大企业或一流制造商寻求合作，同时在商品上标注了"制造商名称"，而不是"经销商名称"。

而且，我们绝不会把制造商定位为"承包人"，为了表示他们是和我们组队的平等合伙人，我们在商品上还注明了"本商品为双方共同开发"。

以前自有品牌商品上一般只标注经销商名称，并没有写明制造商。但是，既然重视品质，顾客应该也想知道该商品是什么样的制造商生产的。既然如此，我们就应该满足他们的这个愿望。

Seven Premium 的熟食类商品帮顾客省去了做饭的时间和麻烦，提供了"方便膳食"的价值，顾客对制造商的兴趣应该会更加浓厚。

"对于顾客来说，自有品牌商品应该是什么样子的？""它应该具有什么意义""它和顾客之间应该产生什么样的相关性呢？"经过这样一番讨论，我们最终决定标明制造商名称。

这样一来，Seven Premium 通过和大企业或一流制造商联手开发，在商品本身的品质方面，达到了超越制造商品牌商品的水平。我们通过标明制造商名称，为顾客提供了对品质的安心感和信任感。

柒和伊控股公司打破了行业的常识，标明了制造商名称，因而获得了顾客对公司的信任，进而让顾客对品牌产生了信任，让他们认定"Seven Premium 的产品肯定没错"，提高了顾客对品牌的忠诚度（想要重复购买的程度），这才实现了接近 1.4 万亿日元的年销售额。

在柒和伊集团内，商场、超市和便利店的价格设定方式本来各不相同，而 Seven Premium 的销售价格全都一样。即使以同样的价格销售，该系列无论在哪种业态类型都受到了同样的支持，这体现了顾客对品牌的忠诚度。

如果按照原有的常识，开发自有品牌商品的时候优先低价的话，就会和其他自有品牌商品之间在价格这一"物"的价值方面形成过度竞争，结果应该会截然不同。

## ·客户体验价值的五种类型

从客户体验角度来看，商品或服务作为"物"具有很高的物质层面的、可估量的价值，作为"事"在客户心理层面和情感层面具有很大的价值，才能造就其的自我差异化，形成强大的竞争力。从这个意义上看，Seven Premium 就是典型的客户体验型商品。

那么，在客户体验价值中，心理层面和情感层面的价值都有哪些类型呢？

美国哥伦比亚商学院的教授伯德·施密特（Bernd H. Schmitt）在他的著作《体验式营销》（*Experiential Marketing: How to Get Customers to Sense, Feel, Think, Act, Relate to Your Company and Brands*）中，把客户体验价值分为了五种类型。

该作者的另一部著作是《顾客体验管理》（*Customer Experience Management*）。通过这两本书，世人开始关注客户体验价值这一概念。

客户体验价值的五种类型分别如下。

① Sense（感官层面的体验价值）

Sense 是指通过刺激客户的五感（视觉、听觉、触觉、味觉、嗅觉）而创造出的价值。商品的颜色、样式、设计、味道、香气等将会成为刺激感官的要素。例如，让人一走进去就感到舒适的咖啡馆或令人充满期待的店铺，感官层面的体验价值就很高。

② Feel（情感层面的体验价值）

Feel 是指在客户的心情、内心情感方面下功夫而创造出的价值。通过激发客户感动、共鸣、安心、信任、喜爱等情感，让客户对企业和品牌产生依恋，并产生投入感。

③ Think（创造、认知层面的体验价值）

Think 是指通过刺激客户的好奇心和探究精神，激发其创造性思维而创造出的价值。当自己的"想知道""想理解"等求知欲和创造性得到满足以后，客户就会重新评价企业和商品。

④ Act（身体层面的体验价值以及整体的生活方式）

Act 是指通过给客户的切身体验、行为模式以及生活方式带来新的变化，从而产生的价值。它会给客户提供前所未有的体验和平时无法尝试的体验。

⑤ Relate（与所属集团及文化的关联）

Relate 是指当客户对某个特定品牌相关的集团或文化产生归属感时所产生的价值。客户将自己与品牌中反映的社会层面、文化层面的意义及背景关联（Relate）起来，从而唤醒其实现自我的愿望。

Relate 中也包含 Sense、Feel、Think、Act 等体验价值。

美国摩托车哈雷戴维森（Harley-Davidson）的粉丝就是 Relate 的一个代表性例子。对于狂热的粉丝来说，哈雷戴维森这个品牌本身已经成为他们生活的一部分，是一种身份的象征。

艺人的粉丝俱乐部也是一种典型的模式。粉丝通过购买与艺人相关的周边商品，会产生"我在支持这个人""我在为这个人的活动做贡献"等意识，从而感受到消费的价值。

我们可以把这个理论套用在 Seven Premium 产品上。

Seven Premium 通过彻底追求品质，大大地刺激了消费者的味觉，唤醒了他们的感动，让他们觉得"获得了远超价格的美味"。

Seven Premium 通过标明制造商名称，让消费者获得了安心感和信任感。消费者想知道该商品是什么样的生产商制造的，这一求知欲在这里得到了满足。

消费者在便利店买点熟食回家加工一下就能美餐一顿，实现了新的生活方式。

从这几点来看，可以说该系列的产品在"Sense""Feel""Think""Act"这几方面都产生了价值。

铃木：关于这件事，我还要补充一点，我们在开发 Seven Premium 系列产品时，得到了佐藤可士和先生的协助。他是日本最活跃的创意总监之一，为商品的设计倾注了很多力量，对产品的热卖起到了很大的作用。

设计是对视觉层面的诉求，跟 Sense（感官层面的
体验价值）有关。我们打算在下一节深入探讨这个问题。

# 8 | 要想传递客户体验价值，设计也很重要

## · 优衣库店铺的 Sense（感官层面的体验价值）

 关于 Seven Premium 产品，您说得到了创意总监佐藤可士和先生的协助，在商品设计上也下了很大功夫。我们继续聊一下这个话题。

**铃木**："不断打造新商品"，这是我在经营 7-Eleven 时一贯追求的目标。

但是，如果只是不断打造新的商品或服务，就很难把价值和意义传递给顾客。我很早以前就在思考，要想在打造新商品的同时，传递新颖之处，与顾客的沟通交流就变得非常重要。

我在前面提到过，2009 年秋天，7-Eleven 用"当今时代人们追求的'近而方便'"这一理念重新定义了便利店，以 Seven

Premium 的熟食类为主，大幅度改变了店内的商品陈列，方便顾客减少备餐时间。

在便利店行业，从 2005 年左右开始，现有店铺的销售额一年比一年低。业内其他公司的高层也跟着媒体高唱"市场饱和说"，而我认为原因在于，市场正在发生翻天覆地的变化，便利店却没有充分满足消费者的潜在需求。

由于低出生率和老龄化，每户的平均人数不断减少，消费者单次的购物量自然也会减少。另外，女性的就业率逐年上升，会使这一倾向变得越发明显。

这样一来，如果能在自己家附近的便利店买到想要的合适分量的商品，人们就不会舍近求远去大超市购物，这是人之常情。

"7-Eleven，好心情""开着门，太好了！"各位读者还记得电视上的这两句广告词吗？在制作初期的电视广告时，有人让我用一句话来形容便利店，我脱口而出的就是这句广告词："开着门，太好了！"

作为日本第一家真正的便利店连锁公司，7-Eleven 就像这句广告词一样，在日本人更加重视生活品质的背景下，提供了离得近且随时开门营业的便利性，得到了以年轻人为主的群体的大力支持。

2009 年时，距离一号店开业已经过去了 35 年，日本人的生活方式变了，市场环境也发生了变化。因此，我们重新按照"近而方便"的生活理念，正式致力于"方便膳食"的销售战略，帮助顾客省去做饭的时间和麻烦。

然而，我发现当时的 7-Eleven 宣传方法缺乏整体感，商品的标志和包装设计也五花八门，没有完全传递出品牌的新价值和意义，尚未达到确立品牌形象的程度。

正在那时候，我遇到了创意总监佐藤可士和先生。我们第一次见面，是在我们集团的宣传杂志《四季报》（面向股东发行）的采访对谈时。

世人很早之前就在高喊消费饱和，而佐藤先生从广告、商品、店铺，到品牌形象，在广阔的领域开展艺术设计与创意指导工作，打造了众多爆款商品和爆红品牌。

关于和顾客沟通交流的重要性，我讲述了自己发现的问题。佐藤先生和我的想法完全一致。他还对我讲了他自己的客户——某服装专卖公司进军海外的故事。

您说的是迅销公司（Fast Retailing）的优衣库（UNIQLO）吧？佐藤先生在优衣库海外旗舰店做出的贡献非常有名。

**铃木**："我们要成为一种媒介，向全世界宣传走在最前端的真实的东京文化""我们要作为日本代表在海外开店"，在这种理念的指导下，广告、公关战略、商品、包装、陈列方式自不必说，从店内的指示标志、收据、衣架，到地板甚至垃圾桶，应该使用什么样的设计，听说佐藤先生都要亲自过问。

设计是肉眼可见的东西，便于给顾客传达信息，拥有非常大的影响力。

佐藤先生表示，只有像这样极致追求店铺设计的整体统一感，才能让顾客进店后一眼就能有合理的预期。

人类通过直觉了解到的信息当中，有八成是通过视觉获得的信息，可以说视觉是左右人的印象的重要因素。通过统一店内的所有设计，让光顾店铺的顾客能够直观地感受到优衣库店铺的 Sense（感官层面的体验价值），是这么回事吧？

铃木：佐藤先生说"传递不出去的东西等于不存在"，我对他那卓越的理念产生了共鸣，于是拜托他负责设计的总体策划，请他"协助我们让 7-Eleven 更上一层楼"。

· 7-Eleven 如何提高"感觉层面的体验价值（Sense）"？

铃木：在推进项目的过程中，有一次，佐藤先生试吃了

7-Eleven 的便当,结果从他嘴里说出了令人意外的话。

他问道:"这个便当是哪家店送来的外卖?"

7-Eleven 的便当是按照团队的销售规划(merchandising,简称 MD),和厂家共同开发的,并且不断对品质进行了改善。然而,我们却没有把商品的价值完全传递给他。

从商品的"个体与整体"的观点来说,我们以前只是把每个商品作为"个体"来思考,店里的各类便当没有"属于7-Eleven 的便当"的"整体"感觉。或者说,大家自以为是有整体感的,但是,便当盒上并没有印商标,包装也都不一样,Seven Premium 的商标也不统一。结果一切都是零散的,Seven Premium 的品牌形象也没有传递给顾客。

我们首先统一了原来五花八门的商标和包装设计,然后花了一年时间推进品牌打造企划,在整个卖场重新构建品牌形象,让顾客重新认识品牌。

然后,我们在 2011 年升级了 Seven Premium、Seven Premium Gold 以及饭团和便当等全部原创商品,同时也全面更新了商标和包装。

虽然每个商品都不一样,但是通过统一的商标和设计,顾客也能感受到那些商品背后的关联和脉络。经过改革,Seven Premium 在店内的存在感一下子增强了,品牌形象变得格外耀眼,具体表现就是其销售额的急剧上升。

由于设计的助力，在更新设计的当年，原有店铺销售额的增长率约为 7%，大大超过了上一年约 2% 的增长率，所有店铺的日均销售额也增加了 4 万日元，实现了业绩的大幅度提升。

通过与佐藤可士和先生的合作，我学到了设计能力以及透过设计与顾客沟通的能力的重要性，那是一种"销售能力"，能让顾客感受到购买的价值。

Seven Premium 的商品现在大约有 3500 种。每一种商品的包装都是按照佐藤先生设定的"设计原则"制作而成。3500 种商品基于同一个原则进行设计的案例在全世界恐怕也是独一无二的吧。

 设计的基本原则是"整理应该传递的价值，提炼其本质，将其转换为任何人看一眼都能理解的视觉语言或符号，并广泛传播"。佐藤先生的设计将这一原则广泛应用到了各种领域，取得了丰硕的成绩，受到了日本国内外的关注。

在为 Seven Premium 进行设计时，应该传递的价值的本质被凝缩为"近而方便"的理念，佐藤先生的统一设计将这一理念传递给了买方。买方一看到设计整齐划一的商品群，也能预想到将会拥有什么样的购物体验。

从这个意义上说，佐藤先生主导的品牌打造企划，给 7-Eleven 的店铺增加了"Sense"的体验价值。

在五种类型的体验价值当中，还剩下一个"Relate"没有讲，它是从属于某个特定集团或文化的意识中产生的体验价值。7-Eleven 所有店铺的日均销售额为什么比其他连锁店高呢？我认为这个问题和这种体验价值有关。

围绕这一点，我记得有一个关于 7-Eleven 门店形象的广告，我们在下一节中深入思考一下吧。

# 9 | "销售能力"就是提供令顾客满意的体验价值的能力

## · "你心中的 7-Eleven 是什么样的？"

回到之前的话题，2004 年春天，7-Eleven 迎来了创业 30 周年，从那时起，有一段时间电视上一直在播放关于 7-Eleven 企业形象的别具一格的系列广告。

"目的和心情"篇的广告内容：一名女员工正在店门口打扫卫生，来了一名男顾客。他突然停住脚步，问道："我是来买什么的来着……"员工回答道："是来转换心情的吧。"男顾客道了声谢，直接回去了。最后屏幕上出现了一句广告词，是对观众的提问："你心中的 7-Eleven 是什么样的？"

在"勇气"篇中，一名男顾客在店里迟疑地对店员说："不好意思……我想要勇气。"店员说："好的，我们店里有。"顾客问"在哪里啊",店员回答说"在您心里"。男顾客回头,发现他的恋人正站在身后。他鼓起勇气表白道:"嫁给我吧!"此时屏幕上又出现了那句广告词:"你心中的 7-Eleven 是什么样的?"

"第三颗星星"篇属于童话风格。一对情侣来到店里,男顾客隔着橱窗指着夜空中的星星"下订单"说:"我想把从右边数第三颗星星送给她。"店员问:"配送需要花一些时间,没关系吗?"那对情侣相视一笑,女顾客回答说:"没关系。"此时,又出现了那句广告词:"你心中的 7-Eleven 是什么样的?"

光顾便利店的顾客在日常生活中都怀着各种各样的心情和想法,演绎着各自的人生故事。电视机前的观众在看到那句广告词时,也会忽然意识到,7-Eleven 在不知不觉间已经进入了自己的日常生活,成了不可或缺的存在。

这个系列的广告显示了 7-Eleven 和顾客的关联,令人印象深刻。7-Eleven 的可口可乐销售量占据日本首位,超爽啤酒也是如此。可口可乐也好,超爽啤酒也罢,在哪里买都是一样的商品,而且 7-Eleven 并没有廉价销售,为什么顾客选择在这里购买呢?我认为答案的线索就藏在这些广告里。

铃木：这个企业形象广告的创意是我自己提出来的。

自从创业以来，我们一贯坚持以顾客眼中的"理想状态"为目标。之所以想到在 30 周年这个节点上制作企业形象广告，是因为我想让每一位电视机前的观众重新回忆一下与自己身边的店铺的关联，思考一下"对于自己来说 7-Eleven 到底是一个什么样的存在"。

此时，顾客心中浮现的念头就反映出对店铺的态度。"需要买东西，就去经常去的 7-Eleven 吧。""不知道为什么，在那家店购物很舒服，所以就会下意识地走进去。"这就是顾客的忠诚。

到了午休时间，不由自主地走进 7-Eleven，在店里看到一款新便当，瞬间就觉得"想尝一尝""肯定好吃"，凭直觉就购买，顾客之所以会这样，也是因为有忠诚做基础。

虽然没有特别想买的东西，每次从 7-Eleven 门口经过，就会走进去，这也是顾客的忠诚。7-Eleven 的可口可乐的销量之所以占据日本首位，也是源于这份忠诚吧。

7-Eleven 所有店铺的日均销售额比其他连锁店高 14 万~15 万日元，反映了顾客忠诚度的差异。这么高的忠诚度，说明对于不少顾客来说，7-Eleven 的存在已经形成一种生活文化，在日常生活中固定下来了。

在平时常去的 7-Eleven 店内购物这件"事"（体

验）本身就会让顾客感到满足，与此同时，为该店的销售额做贡献也会让顾客有成就感。对于顾客来说，7-Eleven 就是给他带来"Relate"的体验价值的存在吧。

**铃木**：7-Eleven 举办的所有活动和做出的一切努力都是为了提高顾客的忠诚度，结果就是这给我们带来了大大超过其他连锁店的销售额和利润。对于我们来说，企业形象广告也再次确认了这一初衷的意义。

7-Eleven 早期电视广告的广告词是"开着门，太好了！"。用一句话来概括"销售能力"的话，就是让顾客觉得"买了真好""吃了真好""来了真好"的能力。

反过来，如果顾客后悔了，觉得"要是没买就好了""要是没吃就好了""要是没来就好了"，那他就再也不会出现在店里。所谓"销售能力"，可以说是让顾客感受到购物体验本身的价值的能力，也就是让顾客觉得"买了真好"的能力。

# 10 | 7-Eleven 自创业以来一直 为顾客提供体验价值

· 从饭团的销售中衍生出了"新习惯"

 正如 7-Eleven 早期电视广告的广告词——"开着门，太好了"表达的那样，我感觉 7-Eleven 自创业之初就一直为顾客提供体验价值，让顾客觉得"就在附近，一直营业，非常方便"，给顾客带来安心感和信任感。

铃木：便利店缩短营业时间的话题有一阵子引起了热议，不过 24 小时营业是 7-Eleven 的基本原则，现在也没有变。

7-Eleven 之所以一直坚持 24 小时营业，是因为深夜也营业有助于提升白天的销售额，这一点已经得到了证实，是顾客的心理层面的安全感带来的连锁效应。如果一家店 24 小时营业，随时去都开着门，这种安心感会让顾客想去那里购物，从而提高顾客对店铺的忠诚度。

 心理层面和情感层面的满足会给企业带来收益，这就是一个典型的案例。

铃木：我在序言中也讲过，7-Eleven 自 20 世纪 70 年代开始创业以来，通过在各个方面实践假设和验证的经营方式，一直坚持提供令顾客满意的客户体验。

店铺订购商品的时候，首先会揣摩顾客的心理，预测其行为，推测其希望获得的体验（"事"），然后设想第二天畅销的商品，订购该商品（"物"），最后验证结果。

在便利店销售饭团和便当，也是从我提出的假设开始的。我认为日本的便利店有必要自行开发日式快餐，所以提议销售饭团和便当，结果遭到了周围的人的反对，理由是"饭团和便当是家里就能做的食物，不可能畅销"。

我想的完全是另外一回事。产生这种想法的根本原因是，如果我们提供的商品和服务能够让那些已经在日本人的生活中固定下来的行为和习惯更容易、更方便地实现，就一定会得到顾客的支持。

饭团和便当是任何一个日本人都会吃的食物，所以预计有很大的需求。以前的习惯是在家里制作，不过如果我们使用优质的食材，将美味做到极致，和家里制作的食物拉开差距的话，顾客就会觉得"在便利店购买饭团和便当"这种新体验很方便，发现其中的价值，从而衍生出新的习惯。我提出了这样的假设，说服了那些持反对意见的人。

新的习惯固定下来之前需要花一定的时间。一开始饭团和便当卖得不太好。尽管如此，我们还是坚持在店里摆放、销售，结果它们变成了代表便利店的主力商品，如今饭团的年销量达到了大约 22 亿个。

在五种类型的体验价值当中，销售饭团和便当属于影响顾客行为和生活方式的体验价值吧。

您提议设立 Seven 银行也是同样的道理吧。使用银行的 ATM（自动柜员机）是在日本人的日常生活中固定下来的习惯，通过在 7-Eleven 的店铺内设置 ATM，让人们的生活变得更加方便了。另一个例子是 Seven Premium 系列的熟食类商品，前文已经讲过，在此不再赘述。

虽然世界各国都有连锁便利店，但日本 7-Eleven 的经营模式被称为"日本享誉全球的服务革新"。

那是因为 7-Eleven 自创业以来一直坚持提供令顾客满意的体验价值。铃木先生自身虽然并没有在头脑中有意识地使用体验价值这个概念，却通过"追求便利性"，而一直在践行这个理念。店铺创新项目没有采取"物"的思维模式，而是靠"事"的思维模式来推进，更加深入地贯彻了这一理念，并使其得到了升华。

### ·与因为销售"物"而破产的美国 7-Eleven 的区别

　　相反，美国的便利店则与日本形成了鲜明的对照。在美国发展 7-Eleven 连锁店的南方公司（现在已改名为 7-ELEVEN INC.，是柒和伊集团的完全子公司）从 20 世纪 80 年代开始业绩恶化，陷入了破产状态。OK 便利店（Circle K）、全国便利店（National Convenience Store）等其他大型连锁店也濒临破产的危机。甚至有媒体和学界宣告了"便利店时代的终结"。请问日本的 7-Eleven 和美国的 7-Eleven 具体有什么区别呢？

**铃木**：首先，我来简单介绍一下 1973 年在日本设立 7-Eleven 的创业经过吧。我去美国加利福尼亚州参加伊藤洋华堂的海外研修，坐车出行途中，休息时偶然走进了一家商店，这才知道了 7–Eleven 的存在。

当时，日本每当新开一家超市，就会遭到当地商业街的强烈抗议。回到日本以后，我一调查才知道，当时看到的有别于超市的商店叫便利店，负责运营的南方公司拥有 4000 家连锁店，属于全美国规模最大的超级优秀企业。

它一定有相当厉害的诀窍。如果能引进日本，应该可以成为与大型商店共存共赢的模范。想到这里，我不顾公司内外的强烈反对，经过一番艰难的谈判，终于成功与南方公司签约。

然而，签约之后我才发现，对方公开的经营指南就像是店铺运营初学者的入门书，我从头翻到尾也没有找到想要的经营秘诀。

既然南方公司的经营指南没有用，我们就只能靠自己，一切从零开始。下定决心之后，我们逐步打造了日本第一家真正的连锁便利店。

 这才造就了"日本享誉全球的服务革新"啊。

铃木：南方公司从 20 世纪 80 年代开始扩大经营领域，进军不动产和精炼石油等业务市场，结果经营失败，濒临破产，转而向我们请求救援。它的根本问题在于主营业务逐渐弱化，无法在危机状况中维持下去。

南方公司濒临破产的最大元凶是廉价政策。20 世纪 80 年代，美国的超市开始推进 24 小时营业制度，强化了廉价战略，便利店也纷纷效仿，结果被卷入激烈的价格竞争，收益不断恶化，陷入了恶性循环。

我们通过收购的形式对其进行了重建。日本企业在美国上演了一出重建大戏，有媒体称之为"日美逆转"。

我去美国 7-Eleven 的店铺巡视了一圈，不禁怀疑自己的眼睛："难道这里是仓库？"店里到处都脏乱昏暗，通道上堆满了一箱箱的啤酒、香烟和清凉饮料。货架上的面包都干巴巴的。

那里只是单纯地摆放着"物"。

 日本的 7-Eleven 提供的是令顾客满意的"事"的价值，而美国的 7-Eleven 只是单纯地销售"物"。这个区别是怎么产生的呢？

**铃木**：可能是因为顾客眼中的"理想状态"不同吧。南方公司以超市为竞争对象，推进廉价战略，展开了激烈的价格竞争。

而我们认为"真正的竞争对手不是同行业其他公司，而是不断变化的顾客需求"，因此一直积极地应对变化。我们需要揣摩顾客的心理，预测其行为，推测其希望获得的体验（"事"），然后提出假设，挖掘出顾客的潜在需求。

要想重建南方公司，就必须否定它之前全部的经营方式，打造新的经营之道。我在美国也导入了"假设和验证"的单品管理制度，并让员工彻底执行。

经过改革，南方公司第三年就实现了盈利。从那以后，业绩也开始飞速恢复。

单品管理在英语中直接被音译为"tanpin kanri"，简称为TK，已经在美国成为一个固有词语。我把在日本实践过的经营模式带到了美国，并贯彻执行，结果 7-ELEVEN INC. 取得的利益规模如今仅次于日本 7-Eleven。

# 11 卖方的哲学对客户体验价值来说很重要

## · Francfranc<sup>①</sup> 为什么不卖马桶坐垫?

铃木先生,您主张的经营学中有一个"爆发点理论"。就像水温上升到 100℃ 就会沸腾一样,在人类社会当中,当事物的某个连续性变化积累到一定水平时,也会突然产生质变,然后进入到下一个阶段。

您将其称为"爆发点",认为该理论也适用于顾客的心理(图 1-4)。

我认为顾客对品牌的忠诚也是同样道理。顾客购买 7-Eleven 的商品之后,一旦在心理层面和情感层面感到满足,就会对品牌产生好感。这种好感不断积累下

———————————————

① 柒和伊集团旗下的一家公司。——编者注

去，在某个时间点，顾客就会觉得在 7-Eleven 购物这件"事"（体验）本身具有价值，从而获得心理层面和情感层面的满足感，此时就会产生对品牌的忠诚。

然后，当顾客在街上看到 7-Eleven 店铺门口的"7-ELEVEn"标志时，或者在店里看到 Seven Premium 的商标时，就会产生一种兴奋的感觉。在前文提到的客户体验价值五种类型当中，这属于 Relate。

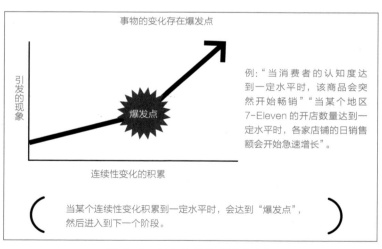

图 1-4　顾客心理的"爆发点"

买方之所以对某个品牌产生忠诚的感觉，是因为他们通过一系列购物体验，切实感觉到该品牌一直在努力成为顾客眼中的"理想状态"。

铃木：我在委托佐藤可士和先生负责 7-Eleven 设计的总体策划时，在和他交谈的过程中，最让我产生共鸣的是下面这句话：

"品牌设计需要以哲学为基础。"

我在前面也提到过，所谓品牌塑造，是指明确品牌存在的意义和根本价值，并通过恰当的方式将其传递出去。虽然每种商品都不一样，但是透过品牌的商标和设计，顾客能够感受到卖方想要传递的信息。

因此，无论你的表达方式多么巧妙，如果根本性的想法很模糊的话，品牌的根本价值就无法传递出去。所以，"以哲学为基础"就变得很重要。

如果非常明确自己的哲学，商家就能超越表面化的表达方式，与顾客建立沟通关系。佐藤先生说的哲学不是别的，正是"理想状态"。

柒和伊集团旗下有一家名叫"Francfranc"的集团公司。它的创始人高岛郁夫先生是前任总经理，他和佐藤先生持有相同的观点。

Francfranc 是一家非常时尚的家居装饰及生活用品专卖店，主要目标客户是住在城市里的 25 岁左右的单身女性，受到了众多二三十岁女性的大力支持。它的口号是"VALUE by DESIGN——设计让每天更开心、更充实"，并一直在为顾客提供新的生活方式方案。

这里说的设计"不单单是指商品的外形，还包括服务以及与顾客的沟通等一切内容，可以说这是公司的核心观念"。所谓

"公司的核心"，就是指哲学或者"理想状态"吧。

针对顾客日常生活中的各种场景，从公司层面全方位地提供价值，这就是该公司的基本理念，也是该"公司的核心"。有一个小故事体现了这个基本理念。

Francfranc 虽然是专门卖家居装饰和生活用品的店，却绝对不卖马桶坐垫。下面是高岛先生讲述的原因：

"我们店卖的并不是抽纸这样生活中不可缺少的日用品，在设计店铺的时候，我们希望顾客一进店就能感到兴奋、激动、开心。所以我们自己定了一个范围，决定只卖令人开心的、给人梦想的商品，不卖生活感很强的东西。例如马桶坐垫，我们知道如果摆在卖场的话一定能卖出去，但是坚决不卖。"

关于公司的原则，他这样说道："决不能为了眼前的 1000 万日元的销售额，就失去将来的 1 亿日元。这是我们一贯坚持的原则。"

销售马桶坐垫这个"物"的话，也许能够获得 1000 万日元的销售额，但是让顾客感到兴奋和激动更重要。正因为"公司的核心"非常明确，他们才能获得顾客对品牌的忠诚。

Francfranc 不卖马桶坐垫这件事是一个很好的正面教材。

即使是流通企业，那些顾客忠诚度很高的品牌也都有明确的"理想状态"或"公司的核心"。

例如，运营优衣库的迅销公司（FR）。它的企业理念是"FR WAY",其核心思想是"改变服装,改变常识,改变世界"。在全世界的服装行业当中,提出这样的理念的企业仅此一家吧。

基于这一理念,公司的使命就是"制作真正的好衣服,创造前所未有的新价值,为全世界的所有人带来穿好衣服的喜悦、幸福和满足"。为了实现这一目标,他们制作了"终极便装",称其为"Life Wear"。

再比如宜得利。公司的宣传口号是"呀!物超所值"。为了创造出超过商品价格的附加价值,宜得利从商品的企划到生产、销售,全部由自己公司承担,实现了垂直整合模式,努力实现"为全世界的人们提供居住的多样化"的理念。对这个世界观产生共鸣的顾客就会成为其忠实顾客。

在这几个案例当中,品牌都成了忠实顾客的生活文化的一部分。我们从品牌和顾客的关系中可以看出五种类型的体验价值中的 Relate。

## ·"不变的视角"和"新鲜素材"

**铃木**:作为制片人活跃在第一线的秋元康先生说,即使在搞笑节目的领域，也存在"长期受欢迎的笑料"和"令人厌倦的笑料"。秋元康先生是一位多才多艺的创作家，他曾亲自为众多名曲作词，多次引发堪称社会现象的热潮，总是走在时代的最前列。

柒和伊集团举办的各种促销活动也经常请他协助，我也曾和他交谈过。

据秋元康先生说，有些搞笑艺人创作出了大受欢迎的段子，甚至成为当年的流行语，但如果一直靠它赚取观众的笑声，观众就容易产生审美疲劳，段子也会成为"令人厌倦的笑料"。相反，像北野武那样，在第一线活跃了几十年却依然人气不衰的人都有"长期受欢迎的原因"。

他们既有独特的"不变的视角"，又会把当下引发热议的话题当成"新鲜素材"，然后通过自己的"视角"，说一些有意思的话或者做一些有意思的事。他们的"不变的视角"很有意思，所以不会让观众感到厌倦。

《川流不息》就是一个典型的例子。这是由秋元康先生亲自作词和策划的热门金曲，也是美空云雀女士的遗作。

这首歌将一个人的人生比作河流，展现了日本人特有的感性世界，以此为基础，由度过波澜壮阔的半生的美空云雀女士唱出来，格外有感染力，同时融合了为人生加油助威这样有速效性的新鲜素材，结果得到了多年的老粉丝和年轻人的支持，成了经久不衰的名曲。

　　既要拥有"不变的视角",又要经常提供"新鲜素材",这样就能获得顾客的支持,不会令人感到厌倦。其实"不变的视角"就是"理想状态"和"企业的核心",也是哲学。而"新鲜素材"就是指通过商品和服务,不断为顾客提供新体验。无论搞笑艺人的世界,还是商业领域,基本道理都是一样的。

　　要想在拥有"不变的视角"的同时,不断创造出"新鲜素材",需要什么样的思维方式呢? 我们将在下一章深入思考这个问题。

# 第 2 章

客户体验经营需要什么样的
思维方式?

# 12 总是以顾客为出发点思考问题

· 不是"为顾客着想"，而是"站在顾客的立场上"思考

如果顾客愿意持续购买、使用某个特定企业或品牌的商品或服务，就会被称为忠诚顾客。

忠诚顾客会对该企业或品牌追求的"理想状态"（哲学、理念、世界观等）产生共鸣，所以该企业或品牌本身就会成为顾客忠诚的对象。

另外，企业或品牌在保持"不变的视角"的同时，通过持续提供"新鲜素材"，也能够连续获得顾客的忠诚度。要想实现这一目标，需要什么样的思维方式呢？在本章中，我想和大家一起探讨一下客户体验经营所需的思维方式。

首先是总是以顾客为出发点的思维方式。

"物"的价值是指功能、性能等可估量的物质层面的价值，与顾客是否在场无关。相反，"事"的价值也就是客户体验价值，是从顾客的视角看到的关于商品或服务的体验价值。

因此，在重视客户体验的经营方式中，需要总是以顾客为出发点思考问题。按照您的经营方式，"不是'为顾客着想'，而是'站在顾客的立场上'思考"，这是一条不可动摇的规则。这才是真正的客户体验经营。

**铃木：**自从我掌管经营的时候起，"不变的视角"的基本原则就是总是"站在顾客的立场上"思考问题。顾客下一次会需要什么样的"新鲜素材"？因为潜在需求的答案总是来自顾客，潜藏在顾客的心里。

我总是跟员工们说，卖方不是"为顾客着想"，而是必须"站在顾客的立场上"思考问题。

为什么不是"为顾客着想"，而是"站在顾客的立场上"思考呢？

因为"为顾客着想"和"站在顾客的立场上"思考乍一看好像是一回事，实际上有时候会出现完全不同的结果。

那么，哪里不一样？怎么不一样呢？我给大家举个例子。我在 30 岁那年跳槽去伊藤洋华堂之前，在大型代理出版公司东贩（TOHAN，当时叫东京出版贩卖株式会社）负责了《新书速递》的改版工作。

《新书速递》是一本隔周发行的广告杂志，我 25 岁以后在东贩宣传科担任该杂志的编辑。《新书速递》的主要内容是新出版的书籍的目录，发行数量仅有 5000 份，实质上是免费发放的不起眼的存在。

我的工作就是浏览每天出版的几十本书，简单地概括其内容，编成目录。这份工作一干就是 3 年。

反正都是要干，我就想增加发行数量。我想把它的内容变得有趣一些，以收费的形式销售，看看会怎么样。

经过一番思考，我想出了一个改革方案：就是减少新书目录的数量，增加略微轻松的读物，将开本换成便携的 B6 规格（仅为原来的一半大小），不再免费发放，而是以每册 20 日元的价格销售。这个方案最终得到了总经理的批准，成功付诸实施。

从企划开始，到编辑、采访、执笔写稿、制作，全程由我负责。在企划时，我尽量构想了崭新的内容。

例如，文豪谷崎润一郎先生与他喜欢的女演员淡路惠子之间的对谈、在东京大学读书期间获得芥川奖的被称为新一代作家的大江健三郎先生与松竹 ① 的年轻招牌女演员冈田茉莉子之间别

---

① 松竹株式会社，当今日本五大电影公司之一。——译者注

具一格的对谈、当红作家吉行淳之介先生和他学生时代的同班好友的交谈、新锐科幻作家星新一先生的微型小说等。改版企划获得了好评，发行数量从 5000 册增长到了 13 万册，竟然成功增长了 20 倍以上。

在以新书目录为主的时候，杂志中关于新书的信息量很大，作为"物"，具有一定程度的价值（可估量的、物质层面的价值）。

改版后杂志介绍了谷崎润一郎、大江健三郎、吉行淳之介等读者喜欢的作家，还有受欢迎的女演员，为读者提供了"事"的价值（心理层面和情感层面的价值），让他们在阅读的同时度过一段欢乐的时光，因此获得了大力支持。

改版前的《新书速递》的编辑方针是"给那些爱读书的人尽可能地多登载一些新书目录"。

我认为"经常买书的人也并非只需要读书本身。越是爱读书的人，越想要歇口气放松一下"，所以想出了这个改革方案。

当时，我也曾遭到以出版专家自居的上司们的反对，他们说："根据我们专业人士多年的经验来看，不可能那么容易卖出去。"

这件事很好地体现了"为顾客着想"和"站在顾客的立场上"的区别。上司们认为多登载一些新书目录更是"为顾客着想"。但是，这种想法首先源于他们自己的立场——"尽量多卖一些书"，是在此基础上的"为顾客考虑"。也就是说，说一千道一万，他们归根结底还是"站在卖方的立场上"考虑问题。

究其根本，是因为他们的自以为是和主观臆断。根据过去出版物较少时的经验，他们认为"爱读书的人就是指买很多书的人""所以爱读书的人需要新书目录"。

也就是说，虽说是"为顾客着想"，他们也是先"站在卖方的立场上"考虑问题，在这种情况下，也存在他们基于过去的经验对顾客想法的误解和臆想。相反，"站在顾客的立场上"考虑问题，则必须否定作为卖方的立场和过去的经验。

当然，可能也有很多人想要"站在顾客的立场上"考虑问题，却无法跳出"为顾客着想"的思维定式。在无意识当中，更多人嘴上说着"为顾客着想"，实际上却"站在卖方的立场上"考虑问题。

在和我交谈过的人当中也有同样的案例。旭山动物园的前园长小菅正夫先生也是如此。他把视点从"为顾客着想"切换到了"站在顾客的立场上"，才实现了奇迹般的变革。我们接下来一起看看他的故事。

# 13 | 任何领域都需要以顾客为出发点的思维方式

· **通过行为展示提供客户体验价值：东山再起的旭山动物园**

 旭山动物园入园参观的人数从 20 世纪 80 年代开始下滑，几乎濒临关门停业的危机状态。后在前园长小菅先生的主导下进行了改革，2000 年以后入园人数急剧增加。有一段时间，东山再起后的旭山动物园入园人数甚至逼近了在日本位居首位的上野动物园，受到了世人的关注，被媒体称为"日本首屈一指的动物园"和"创造奇迹的动物园"。

　　**铃木：**以下是我跟当时担任园长的小菅先生交谈时听他说的故事。

　　旭山动物园曾经也是把动物关在笼子里，给游客看它们的姿态和形象，进行传统的"形态展示"。20 世纪 80 年代后半期，动物园濒临关闭的危机,以小菅先生为首的员工们开始重新思考自己"应有的状态"——"今后动物园应该办成什么样"。

目睹动物自由自在地活动的瞬间,来园参观的游客才会感觉到动物的生命活力吧。既然如此,动物园就要打造相应的环境,让动物们能够自由自在地活动,发挥天性。想到这里,他们就把"传递生命能量的动物园"作为新的理念和基本原则,确定了"应有的状态"。

然后,他们自创了一种新的展示方法,把动物与生俱来的活泼行为引导出来并展示给游客观看,称其为"行为展示"。结果获得了绝大多数游客的支持。

动物园本来就是通过参观和游览为游客提供愉快体验的设施。但是,过去进行形态展示时,游客有时候只能看到动物的背影,并没有感到太多乐趣。

然而,在改为行为展示以后,游客看到动物们自由自在地活动、发挥了自己的天性,感动于生命的朝气,产生了共鸣。他们从这件"事"(体验)当中发现了心理层面和情感层面的价值。

我希望大家关注的是他们后来的举措。要想把动物们的魅力传达给游客,就必须一直改善丰容①设施,以便更好地展示动

---

① 动物园术语。在圈养条件下,丰富动物生活情趣,满足动物生理心理需求,促进动物展示更多自然行为而采取的一系列措施的总称。
——编者注

物们生气勃勃的样子。不然，即使动物们喜欢玩某个设施，很快也会感到厌倦。因此，他们必须不断地设计新的设施。

他们把"传递生命能量的动物园"作为"不变的视角"，保持这一态度，在遵守这一基本原则的同时经常加入"新鲜素材"和立即见效的要素。这番努力才是旭山动物园能够成为"看不腻的动物园"，并长盛不衰的秘诀。

· **"站在顾客的立场上"重新审视动物园，发现了惊人的事实**

铃木：那么，行为展示的创意是怎样诞生的呢？

当时，旭山动物园的入园人数持续减少。有一天，市政府的负责人对时任饲养组长的小菅先生说："再这样下去的话，你们的动物园得关闭。"于是他们开始了改革。

为什么游客不喜欢来动物园了呢？为了弄清楚原因，小菅先生开始从游客的视角而不是运营方的视角审视动物园。也就是说，他开始"站在顾客的立场上"思考问题。然后，他注意到了一个事实。

小菅先生等员工平时都在动物园的幕后工作，所以没有机会从游客的角度看动物园。他们从游客的角度重新看了动物后，吃惊地发现动物留给游客的都是动物的背影。

仔细一想，这也是理所当然的事。

对于动物们来说，平时给它们喂食、照顾它们的饲养员，以及像小菅先生那样给它们打针的兽医都是从后门进来的，而来园参观的游客和自己没什么关系，所以总是把注意力集中在后门那边。游客自然会觉得没意思。

据说在此之前，有的游客曾抱怨"动物老是在睡觉，没意思"，但是小菅先生等员工当时没反应过来是怎么回事。后来他们一想，动物们在自己面前要么能够吃到好吃的食物，要么是来接受讨厌的注射，或兴奋或警惕，总是显得活蹦乱跳的。他们发现，从某种意义上来说，自己一直在特等座上观看动物。

于是，从那以后，无论饲养员还是兽医都改为从游客那边靠近动物并照顾它们。结果动物马上就察觉到了这一变化，开始面朝游客，注意观察饲养员什么时候来，兽医什么时候来。

小菅先生在大学读的是兽医系，毕业后到动物园上班。能够饲养喜欢的动物，让其繁殖并进行相关研究，这份工作让他觉得很充实，也很自豪。他认为动物园是"对顾客有益"的存在。

不过，那只是从自己这一方看到的光景，换句话说，他只不过是"站在动物园的立场上"考虑的问题。注意到这一点之后，他就和同事们一起"站在顾客的立场上"冥思苦想怎样才能向游客展示动物们生龙活虎的样子。于是，行为展示就这样诞生了。

这种行为展示诞生的背后还有一个原因，那就是思维方式的根本性转变。小菅先生思想发生转变的契机是，有一次他听到一位游客用充满同情的声音说："这些动物太可怜了，都没有自由。"

它们有什么不幸呢？肚子饿不着，生病了也能得到治疗，还能长寿。小菅先生站在工作人员的立场上反驳道："它们不是挺幸福的吗？"与此同时，他也产生了一个疑问：这些动物真的能感觉到活下去的喜悦吗？

动物活着的终极目的是繁殖，为了维持生命、达到这个目的，就要吃东西。在自然界当中，它们有时会把一整天时间都用于捕食，达成目标时就会感到喜悦。

然而在动物园，它们只是等着人来喂食。24 小时当中，吃东西只用 30 分钟，剩下的 23 小时 30 分钟则无所事事。小菅先生等人这才意识到："这简直就是严酷的刑罚啊！"原本以为是"为动物着想"，其实那终究只是"站在动物园的立场上"的想法。当他们"站在动物的角度"思考问题时，事情就有了完全不同的意义。

发现这一点以后，他们就产生了实施行为展示的想法。

 说到旭山动物园，我（胜见）也去采访过，还和小菅先生交谈过。

因为行为展示而有名的场馆是北极熊馆。在这里，游客可以隔着透明的池壁，观赏北极熊扑通一声猛地跳进水中的样子。

在相距十数米远的两根柱子中间搭桥，把食物放在一根柱子下方，红毛猩猩就会从另一根柱子那里过桥取食，上演一场空中散步。

在海豹馆，有一个被称为海洋通道的圆柱形水槽，海豹看到游客，会好奇地在通道中游来游去。像这样把动物的天性发挥出来展示给游客，就能把生命的动感真正传递出去。

**铃木**："站在动物园的立场上"思考，就会误以为"为顾客着想""为动物着想"。摆脱这种误解，"站在顾客的立场上""站在动物的立场上"思考，就会想做得更好。通过转变思维方式，他们开始实施行为展示。

动物园一开始只是把动物当作"物"来展示，后来开始提供体验价值，让游客对生命的活力产生感动与共鸣。这样的转变，吸引了越来越多来园参观的游客。这样看来，旭山动物园奇迹般的复兴故事非常具有启示意义。

# 14 | 不是以"河流模式",而是以"水井模式"思考问题

## ·卖花人收到花之后才意识到问题

 从卖方的视角和从买方的视角看到的光景大不相同。所谓客户体验价值,不"站在顾客的立场上"体验的话就不会真正明白。

铃木:"为顾客着想"的思维方式和"站在顾客的立场上"的思维方式有时候会带来完全不同的结果。还有一些人也意识到了这一点。井上英明先生便是其中之一。他是公园公司(Park Corporation)的总经理,负责运营"青山花市(Flower Market)"。我曾经和他交谈过一次。

青山花市是在车站内和商场中不断开店的花店连锁公司，在鲜花行业刮起了一股新风，广受好评。

**铃木：** 据说井上先生也认为"站在顾客的立场上"思考问题很重要，他指示员工：卖场的布局、人员流动的路线、价格标签、包装方式等，一切问题都要从客户的视角思考。他之所以这样做，也是因为他自身的经历。他给我讲了这样一件事。

以前我因为私人事务从很多人那里收到过花，当时花都被装在箱子里，箱子很难打开，我要费好大劲儿才能把花取出来。

鲜花被保护得很好，这是件好事，但是有时候防撞的填充物装得满满的，花就很难取出来；有时候发货时还是花蕾，收到花时就开了一些；还有的捆扎时损伤了花或叶子。

很早以前，为了能把鲜花完好无损地送到顾客手上，我们也在箱子上下了很多功夫。但是，自己实际上收到花以后才发现，我们自以为是站在顾客的立场上考虑问题，其实只考虑到了包装和邮寄的问题，没有考虑到取出时的问题。

我深切地认识到，这样做并不算真正站在顾客的立场上考虑问题。根据这一经验，我们开发了容易取出鲜花的包装箱。

这是非常重要的一点。商家如果只是考虑到了"包装和邮寄"的问题，终究是以自己的工作为中心做出的安排，只是尽可能地"为顾客着想"而已，自以为"站在顾客的立场上"思考问题，实际上并没有跳出"站在卖方的立场上"思考问题的模式。

相反，商家如果真的"站在顾客的立场上"思考问题，就必须考虑到顾客"取出鲜花时面临的问题"。要想做到这样，商家就需要下决心改变自己过去的工作方式。

客户体验价值，就是指顾客通过体验感受到的价值，或者说在体验中发现的价值。正如第 1 章中所述，顾客重视"购买前—购买—购买后"的一连串过程。

对于顾客来说，"取出鲜花时面临的问题"也包含在体验价值中。如果非常容易取出来，顾客就会觉得"卖家竟然为我考虑得如此周到"，这次购物就会成为一种感动体验。如果卖方不彻底"站在顾客的立场上"思考问题，就不会关注顾客从购买前到购买后的整个流程。

## ·卖方"批量销售"，买方"被逼多买"

铃木：最大的问题是，卖方本以为"为顾客着想"，结果所实行的措施与顾客的真正需求之间存在偏差。

伊藤洋华堂以前有过这样一个案例。他们在年底销售用于制作年夜饭的黑豆。以前他们总是用大盒多装一些，标上相对便宜的价格进行销售，然而销售情况不太理想。

于是他们改为称重销售，销售额立刻增长了好几倍。盒装销售的思维模式是"批量廉价销售的话会让顾客觉得很划算"。在物资匮乏的卖方市场时代，这种思维确实符合顾客的需求。

如今出生率降低，老龄化加剧，平均每户的人数在不断减少。与批量销售相比，称重销售的价格按照物质层面的、可估量的价值标准来衡量的话显得偏贵。但是，顾客能够按需购买，吃完不浪费，按照心理层面和情感层面的价值标准来衡量的话，称重销售更能够让顾客感到满意。

相反，在买方看来，批量销售等于"被逼多买"，这只不过是一种强加给顾客的服务，不仅与顾客的需求相距甚远，还成了一种负面的体验价值。

"必须满足顾客的需求"，每个人都理解这句话的意思，心里也明白这个道理。然而，即使到了物资过剩的买方市场时代，有些卖方仍然被过去的经验束缚着，误以为"批量廉价销售对顾客有利"，无法改变以往的思维方式和行为模式。

我再重复一遍：要想"站在顾客的立场上"思考问题，必须暂时抛开自己过去的经验。为了贯彻这一理念，我甚至在公司内部禁止员工使用"为顾客着想"这个说法。

## · 每个人既是卖方又是买方

 要想"站在顾客的立场上"思考问题，应该采用什么样的思维方式呢？

**铃木**：我们首先想一下，变化是由谁引起的？我们每个人都在引起变化。但是大家都没有意识到这一点。

卖方一旦离开公司，也是一名消费者，自己也具有买方的心理。大家不要忘记这一点。

作为买方，每个人都切实感觉到了自己的消费模式在改变，需求在发生变化。然而，一回到工作岗位上，人们就会突然切换为只考虑卖方情况的模式，继续按照过去的经验思考问题。而且，他们并没有意识到自己在区分使用两种身份。一站到卖方的立场上，就会忘记作为顾客时的心理，这是为什么呢？

销售行业的每个人既是卖方，同时又是买方。我们谁都可以从买方的心理视角思考问题，"站在顾客的立场上"进行假设。

所谓"销售能力"，就是能让顾客觉得"买得值"的能力。为了达到这个目的，我们就必须坚持挑战和努力。从这个意义上讲，卖方必须一直扮演"顾客代理人"的角色，满足顾客的购买愿望。

我认为可以把"为顾客着想"的思维模式和"站在
顾客的立场上"思考的思维模式分别比作"河流模式"
和"水井模式"（图 2-1）。

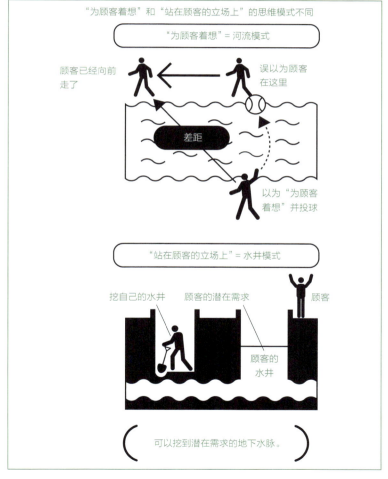

图 2-1　河流模式与水井模式

所谓"河流模式"，就是假设顾客在河对岸，向其瞄准并投球的模式。

在河流模式下，卖方根据过去的经验、已有的概念和原有的数据，误以为顾客就在河对岸的某个位置，于是将球投过去。但是，在这个瞬息万变的时代，顾客已经向前走了，所以不可能投中。

相反，有的卖方总是"站在顾客的立场上"思考问题，心想"如果自己是顾客的话，就会想要这样的东西""就会希望卖方这样做"，并在此基础上生产销售商品。这种营销方式被称为"水井模式"。

在水井模式下，卖方按照自己的想法向下挖掘，就会找到自身也持有的作为买方的心理和需求。深挖之后，发现水井底部流淌着的地下水脉，联通顾客的水井。这个地下水脉就相当于潜在需求。

我认为铃木先生让大家抛开过去的经验、唤醒自己作为买方的意识，其实是在呼吁大家脱离河流模式，发现作为买方的自己的水井，他一直在主张这样做的重要性。

# 15 把真正的竞争对手定位为 "不断变化的顾客需求"

## · 不左顾右盼，只关注眼前的顾客

商家应总是"站在顾客的立场上"思考问题，以顾客为出发点发散思维。关于这种思维方式，您曾说过："真正的竞争对手是不断变化的顾客需求。"也就是说，我们不要盯着同行业的其他公司，而是要一直关注顾客的需求。

**铃木：** 我们处于充满竞争的社会当中，难免容易产生与其他公司比较的想法。

假设将自己公司和其他公司进行比较时，自己公司的商品在功能和性能方面能打90分，而其他公司的商品只有70分左右，你可能会认为自己公司更胜一筹。但是，这只不过是站在卖方的角度从"物"的层面对价值所做的比较。

也许在顾客看来，两者在心理层面和情感层面的价值没有太大差距，都只有 50 分左右。即使你觉得自己公司的商品在物质层面、可估量的价值方面超越了其他公司，如果不能让顾客在心理层面和情感层面感到满意，那就只是单纯的自我满足。

反过来，如果你觉得自己公司的商品不如其他公司，一心想要弥补差距，反而会陷入模仿别人的窘境。无论哪种情况都会失去顾客。

哪个公司的商品或服务更优质？是 A 公司好还是 B 公司好？这种比较是作为买方的顾客做的事，不是卖方该做的事。

你如果能够获得顾客的支持，就能比其他公司在竞争上更处于优势地位。因此，企业真正的竞争对手是不断变化的顾客需求。

不只我有这种想法，我见过的很多企业管理者都持有相同的见解。

例如，我在第 1 章中介绍过的 Francfranc 的创业者高岛郁夫先生便是其中之一。高岛先生本来在家具厂上班，主要负责向家具专卖店和商场批发出售家具。

没过多久，他开始感觉"家具行业并没有反映消费者的意见，而是出现了 Product Out（企业在进行商品的开发、生产和销售活动时，优先考虑自身情况的做法）的现象"。

于是，他想自创反映顾客意见的业务，于 1992 年开了 Francfranc 的一号店，作为他所属公司的子公司。

当然，他的目的是销售家具。当时，业内有种说法是"一个人一生中只去三次家具店"。所以他想，首先要制造让顾客来店里的机会，摆放一些杂货和小商品，让顾客在日常生活中对店铺产生亲近感。这样，一旦需要家具的时候，顾客就能想起一个叫 Francfranc 的店。

另外，当时一说到家具店，主流就是大型店铺，店里客厅、餐厅、厨房、卧室的所有家具一应俱全。高岛先生觉得这种业态有些不协调，于是提出了与已有家具店不同的经营理念。

他提出了明确的理念，在备货时遵循该理念挑选商品，想给顾客提供什么样的购物体验，就要把自己的想法通过商品表达清楚，他认为这一点很重要。

Francfranc 在备货时遵循"休闲时尚"的理念，主要面向的消费者群体是住在城市里的 25 岁左右的单身女性。

由于高岛先生重视与原有家具店完全不同的思维方式，所以他们"完全没有关注同行业的其他公司"。他的下面这段话给我留下了深刻的印象。

"我根本没有考虑过同行会怎么样。所以，公司成立十几年来，我基本上不和外部的（同业）人员见面。如果不夯实自己的舞台，就无法在和其他公司的激烈竞争中胜出。我们专注于打造自己的舞台，在自己的世界里不断探索，在钻研业务时只关注顾客对我们的评价。"

我以前也曾禁止员工以市场调查为名去其他公司的店铺参观。我让员工不要左顾右盼，要将目光聚焦于眼前的顾客，只关注他们的需求的变化。

当你左顾右盼时，你就必须和其他公司在同一个舞台上展开激烈的竞争。但是，如果你能打造出"自己的舞台"，就可以独享一片蓝海。

为了避免被卷入和其他公司的竞争当中，Francfranc 努力打造有创意的商品和店铺，据说现在原创商品占七成。我们7-Eleven 也是自创业之初就致力于开发原创商品，两家公司有很多共同点，这让我产生了共鸣。

## ·通过追求"绝对价值"，实现客户体验价值

 高岛先生所说的"自己的舞台"，是指和顾客一起逐步实现自己"应有的状态"的平台吧。

铃木：经营方式分两种，一种是追求"相对价值"的经营方式，目标是"在和对手的竞争中获胜"；另一种是追求"绝对价

值"的经营方式，就是要"重视自己的理想和信念"（图 2-2）。

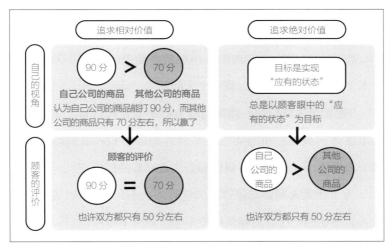

图 2-2　重要的是追求绝对价值，而不是相对价值

　　正如以上所述，我们处于竞争社会当中时，难免会被相对价值吸引，容易产生与其他公司比较的念头。

　　但是，卖方最应该优先追求绝对价值，把让顾客更加满意作为自己"应有的状态"，并朝着这个目标不断前进。此时最重要的是杜绝妥协，不要接受"还算可以""还过得去"的状态。

　　在我担任管理者的时候，7-Eleven 的高层干部每天吃午饭时会聚在一起，试吃自己公司的产品。试吃品大多是正在研发当中的试制品，我们也会随机挑选一些正在销售的商品。如果有人给出差评，我当即就会将其从店里的货架上撤下来，甚至还曾下令停止生产。

有一天，拿来试吃的炒饭是正在销售的产品，我感觉距离那种米饭粒粒分明的状态还有一大截，就说"这不能算是炒饭"，结果负责人辩解说"卖得还可以"，想要为自己正名。

在商品销售中，存在卖不出去的商品是个问题，未达到一定水平的商品能卖出去也是一个大问题。

"能卖出去就行吗？商品的味道都不能让我们自己满意，能卖出去才应该有危机感呢。要是顾客觉得 7-Eleven 的炒饭也就这个水平的话，卖得越多我们越会失去顾客的信任。"

为了让大家不要忘记追求"应有的状态"，我严厉责问了负责人，并让他把这款商品从店里下架，同时下令停产。

米饭发黏的原因主要在于烹饪时的火力不足。我们当时使用的锅就像一个密封型的金属桶，通过左右摇晃进行翻炒，所以饭粒容易变软，无法达到粒粒分明的状态。我吩咐负责人，要从研发新的烹饪设备重新开始做起。

然后，我们公司的负责人和厂家的负责人一起开始研发烹饪器具，彻底剖析烹饪方式和生产工艺，直到炒饭产品最终面世。这足足花了他们一年零八个月时间。

用大火翻炒，将饭粒表面的水分烘干，同时，不使用密封的锅，让水蒸气跑出去，通过这种新的烹饪方式，我们成功研发出了味道不逊于餐馆的炒饭。重获新生的炒饭成了我们的爆款商品。

另外，7-Eleven 的人气商品中还包括炭烤系列的便当。这种便当需要用炭火将肉的表面烘烤至焦黄色。

炭烤时的火候很难掌控，需要有经验的厨师凭借自己的手感和娴熟的技巧来调整。但是，如果将炭烤肉用于便利店的便当，就难免要大量生产。为了尽可能地控制成本，我们就必须尽量不使用人手，而是用机械实现自动化加工。

我们可以选择用香料炮制出油脂被炭火烤出来的香味儿，也可以像其他连锁便利店那样，从人工费较低的地方进口用炭火烤后冷冻起来的肉。但是，这两种方式都和"应有的状态"背道而驰。我们的目标是做出真正的炭烤肉，为顾客提供现烤的口感。

怎样才能兼顾真正的炭烤烹饪和大量生产呢？7-Eleven 和厂家的负责人前往图书馆，从查阅木炭的性质入手，花费了长达三年的时间，解决了一个又一个难题，成功研发出了自动炭烤炉。

单纯地"努力工作"，和朝着"应有的状态做正确的事"，具有完全不同的意义。

即使成本较高、效率偏低，只要坚持生产让顾客感到满意和共鸣的商品，就一定会有好的结果。

如果杜绝"还算可以""还过得去"之类的妥协，追求"应有的状态"，从而得到顾客的支持，7-Eleven 的品牌影响力就会进一步得到提高。相反，如果一直追求相对价值的话，7-Eleven 与其他便利店在日均销售额方面应该就不会产生 14 万 ~15 万日元的差距。

# 16 | 以顾客为出发点创建新的 "事业链"

## · "不同行业之间竞争" 的时代

 即使我们盯着同行业其他公司也没有意义，在当今这个时代，我感觉同行业其他公司这个概念也在逐步瓦解。

例如，汽车行业也从竞争汽车制造的时代，进入了竞争体验价值的时代，互联（Connected）、自动驾驶（Autonomous）、共享（Sharing）、电动化（Electrification）成了四个核心关键词，以 IT 行业为首的各种行业都加入了竞争。如果我们只是盯着同行业其他公司的动向，就会落伍。

**铃木：**确实，竞争已经不只存在于某一个行业或业态当中，竞争对手会突然从完全不同的行业中冒出来,不同领域的企业和商品、服务进入了互相竞争的时代。

早稻田大学商学院的内田和成教授把这一现象称为"不同行业之间的竞争"。他长年在一家名为波士顿咨询公司(The Boston Consulting Group)的外资企业担任经营顾问。我也有幸和内田教授交谈过一次。

据内田教授说,便利店才是不同行业之间的竞争中的开路先锋。随着便利店的普及,年轻人之间形成了一种新的生活方式,他们不再去普通餐饮店或高级西餐厅,而是用便利店的便当简单打发一顿饭。如果从这一点来看,餐饮业与便利店的业务就相当于在开展不同行业之间的竞争。

另外,最近有一个催生出不同行业之间竞争的典型的案例,那就是智能手机。在早高峰的电车里,放眼望去,读报纸的人非常少,相反,很多人都在盯着手机屏幕。

通过智能手机,人们不仅可以看新闻,还能获得各种各样的信息,也能玩游戏。因此,游戏机和智能手机之间也展开了不同行业之间的竞争。确实,游戏机厂家之间曾有过一段互相竞争的历史,但是如今游戏机厂家不得不与智能手机这个突如其来的竞争对手进行苦战。

7-Eleven 也是如此,通过引入 Seven 咖啡,催生了一种新的生活习惯,让顾客可以轻易地在便利店买到上等的咖啡,摇身一变成了"全日本咖啡销量第一的连锁店"。在咖啡店行业看来，竞争对手就是从便利店行业突然冒出来的。

在我掌管经营的那些年里，7-Eleven 有多款商品和服务取得了全日本销量最多的好成绩，有便当、饭团、杂志书籍（含漫画）、啤酒系列饮品、Seven 银行（Seven Bank）的 ATM 等。

正如内田教授说的那样，也许 7-Eleven 就是在不同行业之间竞争的典型代表。

 智能手机领域也是如此。苹果公司发售 iPhone 时，史蒂夫·乔布斯（Steve Jobs）说了一句知名的宣传语："苹果公司将重新发明手机。"每当发布新产品时，乔布斯都会用一句简单的宣传语表明该商品的设计理念，这件事已经广为人知。iPhone 确实像这句宣传语一样，创造的客户体验价值远远超过了传统的手机。

7-Eleven 也通过商品和服务为顾客提供了便利性这一体验价值。

追求客户体验价值的话，原有的行业之间的界限将变得不再重要。

· **思考问题时以顾客为出发点，超越原有的业务范围和行业界限**

铃木：在不同行业之间竞争的时代，重要的是"以消费者为出发点思考新的事业链"。"事业链"是内田教授提出的观点。他把消费者购买商品或服务为止（包括售后服务在内）的从上游到下游的整个流程中的各种事业之间的联系称为事业链。

以前人们的想法是在企业内部封闭的业务范围内创造价值，而进入不同行业之间竞争的时代后，超越原有的业务范围和行业界限、创造新的事业链的动向越来越明显。内田教授举的一个典型案例就是音乐行业。

在过去的音乐行业，拥有音乐人的唱片公司制作音乐 CD、开展营业活动、通过唱片店等零售店销售。

然而，原本在完全不同行业领域的苹果公司进军了这个市场。他们把便携型音乐播放器 iPod、音乐管理软件 iTunes、提供音乐发布服务的 iTunes 音乐商店全都整合在一起，让消费者能够随时从网络上直接获取数字信息，欣赏任何一家唱片公司的音乐人的歌曲。

也就是说，苹果公司的史蒂夫·乔布斯在音乐行业的领域里创造了全新的事业链。

发售 iPod 之际，乔布斯使用的宣传语是"将 1000 首歌装进口袋里"。

作为"物"，iPod 中并没有特别投入苹果公司的卓越技术。他们并非单纯地发售名为 iPod 的便携型音乐播放器（"物"），而是想要提供一种体验价值（"事"），让消费者把相当于 1000 首 CD 质量的歌曲装进口袋里随身携带，随时都能听到自己想听的歌曲。

结果他们超越了原有的业务范围和行业界限，创造了新的事业链。苹果公司可以说是典型的客户体验型企业吧。

**铃木**：Seven 银行是流通行业设立的自负盈亏的银行，同样是以消费者为出发点，创造了新的体验价值。按照内田教授的理解方式，它就属于不同行业之间竞争的典型案例，创造了新的事业链。

Seven 银行可以使用合作金融机构的银行卡，其特征是在便利店内替换了其他银行的 ATM，把各家银行原有的 ATM 功能整合到一个多用途 ATM 上，删除了传统银行实施的融资等业务。

结果诞生了与原有银行业不同的新的事业链。

从这个意义上讲，也许柒和伊集团和食品厂家共同开发的 Seven Premium 也算是一个很好的案例。集团参与了从企划到销售的整个过程，包括上游的原材料采购，通过新的事业链，创造出了前所未有的体验价值。

不过，在经营 7-Eleven 期间，无论是销售的便当产品、Seven 咖啡，还是 Seven 银行、Seven Premium，都不是为了和原有的餐饮店行业、咖啡店行业、银行业、食品行业进行竞争才开始的，我们也从来没有过在不同行业之间竞争的意识。

我们的终极目标还是"站在顾客的立场上"思考问题，追求为顾客提供方便的价值。

当初，我提议在日本开办 7-Eleven 时，零售业的专家学者以及媒体一直对我说"不可能顺利进行"。当时是超市正在扩张的时期，人们都认为"规模大才好"。他们说，凡是便利店能够销售的商品，超市里面都有销售，便利店的店面小，备货的种类和数量有限，不可能赢得过超市。

我心想，既然如此，那我们只能自己打造符合顾客需求的商品和服务。从创业之初直到今天，我们一直在努力开发独创的商品和服务。

也就是说，7-Eleven 一直坚持"以消费者为出发点思考新的事业链"，结果无心插柳，正如内田教授所说的那样，成了在不同行业之间竞争的典型案例。

真正的竞争对手不是其他公司，而是不断变化的顾客需求。这一想法是在我们公司的发展过程中自然而然地形成的，也许可以称为便利店这一业态的宿命吧。

如果你想满足顾客的需求，通过商品和服务给顾客提供心理层面和情感层面的价值，就要超越原有的业务范围和自己公司所在的行业，以顾客为出发点，不断创造新的事业链。这才是最重要的事。

# 17 | 锻炼经营的 "动态视力"

## · "好吃的东西"也是"会厌倦的东西"

 铃木先生，我们换个话题，您有一句名言："如果不提供好吃的东西，顾客就不会买。但是，好吃的东西反而会让人厌倦。越是好吃的东西，越容易让人感到厌倦。"

因此，卖方如果不能一直提供"好吃到令顾客厌倦的商品"，践行这种看似"不合理"的理念的话，就无法获得顾客的支持。

当我们的注意力被事物表面的意思吸引过去的时候，您同时也看透了背面的意思，思考应该怎样做。这就是您特有的"阴阳两面思维"。您之所以能够看透背面的意思，是因为您不仅拥有卖方的观点，同时还会"站在顾客的立场上"思考问题，能够牢牢地把握买方的观点。

那么，为什么说对于顾客来说"好吃的东西等于会厌倦的东西"呢？是因为您一直在关注顾客满意度在时间轴上的变化吗？

**铃木**：对于商品或服务的质量，顾客总是追求 100 分的水平。如果卖方提供的商品或服务达到了 120 分的水平，超过了顾客的期望值，顾客就能获得超出期望值的体验，在心理层面和情感层面感到十分满意。

一开始，卖方感觉"好吃"的东西，对于买方来说也是"好吃的东西"，此时"想卖的东西"等于"想买的东西"，因而双方达成了一致。

但是，买方的期望值不是固定的，而是会逐渐提高的。因此，顾客这次追求 100 分的水平，下次就会上升到卖方眼中的120 分的水平。

相反，卖方觉得现有商品能让顾客感到满意，销售情况还不错，所以就想一直提供 120 分的商品。但是，对于现在的买方来说，120 分已经变成了"及格分"，如果达不到 140 分他们就不会感到满意。

顾客只有感受到超出自己期望值的价值，才会感到满意。这个期望值不是固定的，而是不断提升的。他们以前觉得"好

吃"的东西,下次就会成为"理所当然"的味道,很快就会感到
"厌倦"(图 2-3)。

卖方想继续销售,而买方已经连续吃到了厌倦的程度,双
方的认知就会产生偏差。

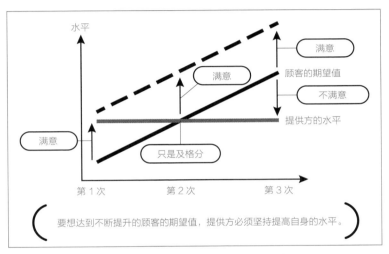

图 2-3　顾客的期望值总是在提升

 在传统的经济学中,如果东西同样好吃,买方就会
获得同样的效用,然而现实并非如此。

关于好吃的程度,卖方会按照物质层面的、可估量
的标准思考,一旦能够让顾客感到满意,就想将这个标
准维持下去。

相反，顾客会按照心理层面和情感层面的满意度来衡量好吃的程度。顾客感受到的心理层面和情感层面的满意度并没有绝对的标准，最初的体验就会成为标准。在行为经济学中，人们把这个标准称为"参照点"。

顾客的参照点并不固定，而是每次都会有所提高，所以随着参照点的变化，顾客对同一商品的满意度也会发生变化。

然而，卖方一旦能够让顾客感到满意，其商品水平就会固定下来。据说人们在认知方面存在一种倾向，当最初获得的信息把人的思维固定在某处之后，它就会成为心中的锚，比以后获得的信息更有分量。这就叫"锚定效应"。

卖方一旦推出了让顾客感到满意的商品，这个商品的水平就会成为心中的锚，让他们无法应对买方的变化。此时双方的认知就会产生差距。

**铃木**：婚姻也是如此。刚结婚时，人们会因为对方的一个细微的举动获得满足，等到习惯了对方的做法之后，就会觉得那是理所当然的事，即使对方还在做同样的事，他也不会获得太大的满足。

如果是顾客和店铺之间的关系，顾客就会远离店铺，再也不会回来。卖方提供的价值总是超过不断提升的顾客的期望值，才能够维持顾客的忠诚度。

举一个例子来说，Seven Premium Gold 的系列产品中有一款热卖商品叫"黄金切片面包"。该商品使用精挑细选的原材料，采用手工和面的方式。虽然这道工序不适合大量生产，但是可以实现筋道的口感。

6 片一斤① 的面包售价为 250 日元，比制造商品牌的畅销商品高了近一半，是原来的自有品牌商品的两倍。尽管如此，它的美味仍然受到了消费者的支持，取得了年销量 3500 万份的惊人成绩，是制造商品牌商品的两倍，成了爆款商品。

正常来说，发售新产品的当天，管理者会呼吁员工"努力促销"，我却对研发负责人吩咐道："马上着手升级产品。"

黄金切片面包格外好吃。越是好吃，顾客一直吃的话就越容易感到厌倦。我让他们提前开始准备，确保在顾客感到厌倦之前，能够投放水平更高的商品。

升级版增加了蜂蜜的含量，重新调整了原材料，进一步改善了口感，于 6 个月后开始发售。后来他们也没有停步不前，而是一年进行了三次升级。如果不做到这种程度，就无法获得顾客

---

① 在日本，"斤"只用作切片面包的重量单位，日本规定 1 斤切片面包的重量应不少于 340 克。——译者注

的支持。

听说那些老字号的餐饮店其实几乎每年都在做改良，7-Eleven 每年也在改进荞麦面的酱汁和关东煮的汤汁。

为了让顾客觉得"一直都很好吃"，卖方需要做出改变。

卖方的一切努力都是为了提高顾客的忠诚度，高收益只不过是顺理成章的结果。一个企业或店铺认为顾客追求的价值是固定的水平时，就会失去顾客的支持。

 顾客感觉"好吃"，属于一种心理层面和情感层面的客户体验价值，它绝不是一成不变的东西。当我们在时间轴中看待这个问题时，会发现对于顾客来说，它将会逐渐变成"厌倦"的感觉。

这在经营领域也可以叫作"动态视力"。

自己静止不动，就错把顾客当成固定不变的，这种理解方式叫"静态视力"。无论你"静态视力"多么好，也不会看懂顾客的真正姿态。顾客的姿态时时刻刻都在变化，自己也要在变化中牢牢地盯住顾客。你的"动态视力"的敏感程度将决定你的判断是否准确。您是这个意思吧？

**铃木：**即使你通过不断努力连续赢得了顾客的忠诚度，但是有一次让顾客感到失望的话,一切也都会土崩瓦解。顾客的忠诚度得来很难,失去却很容易。

如果你觉得自己提供的商品和服务的水平明明没有下降,顾客却在远离你的话,就应该认识到原因在于你一直在维持同样的水平。

# 18 | 不能捉"第二条泥鳅"

## · 脱离模仿思维

 　　您在第 1 章中介绍客户体验价值的五种类型时，举了一个 Sense（感官层面的体验价值）的例子，是说要做成让人一走进去就感到舒适的咖啡馆或令人充满期待的店铺。

　　Francfranc 和 7-Eleven 属于令人充满期待的店铺，而星巴克就是让人感到舒适的咖啡馆的成功案例。

　　星巴克的理念是为人们提供一个能够轻松聚会的"第三场所"，既不同于家庭，也有别于职场。这一理念赢得了人们的支持，使星巴克一跃成为顾客忠诚度很高的大品牌。

　　霍华德·舒尔茨（Howard Schultz）将星巴克的

规模从几家店铺扩大为全球性的连锁店。然而，在他于2000 年卸任 CEO 的职位后，继任的管理者们从 2005 年左右开始按照投资者的要求转换为急速扩张的路线，发起了密集开店的攻势。

这样一来，顾客不用走几条街就能在附近找到星巴克的店铺。但是，咖啡的香味变淡了，店内弥漫着热三明治的奶酪发出的焦煳味儿。员工被称为伙伴本来是星巴克固有的特色，然而他们接待顾客的服务质量下降了，与顾客之间的对话也减少了，失去了被誉为"星巴克体验"的独有价值，业绩一落千丈。

他们偏离了提供优质的"第三场所"的独有模式，追求简便，效仿连锁快餐店的模式，结果失去了信誉。

**铃木：**从结果看来，他们的做法就等于在模仿连锁快餐店。

模仿别人的最大问题在于，你绝对不会超越模仿对象，也不可能成为领头羊或第一名。虽然星巴克的店铺数量急剧增加，成了我们身边触手可及的存在，但是它没能像麦当劳那样为我们提供方便，就是因为它走了模仿路线。

如果是在物资匮乏的时代，需求大于供给，将商机比作柳树下的泥鳅①的话，可以说柳树下有两三条泥鳅，所以看到别人在某棵柳树下捉到了泥鳅，自己也想在那里捉，当时是行得通的。

事实上，也有一些知名企业通过跟风经商的方式赚到了钱。但是，如今柳树下可能一条泥鳅都没有了，跟风经商的方法行不通了。

第1章中提到的制片人秋元康先生也表达过同样的观点，他说："柳树下也许有两条泥鳅，但是第二条是小泥鳅。"

他还曾断言："当食材满满的'可以吃的辣椒油'流行起来之后，人们在思考下一步热卖的商品时，很难跳出'可以吃的调味料'之类的商品范围。但是，那里面已经没有可以热卖的东西了。"

高岛先生担任 Francfranc 的总经理期间，在升级商品时，曾对负责研发商品的人吩咐道："如果你们只是把现在的 A 商品改造成 A'，我不会认可这种程度的研发。一定要把 A 改造成 B 或者 C，如果不坚持进行这样的革新，顾客就会感到厌倦。"

我们一看到正在热销的 A 商品，往往就容易在 A 的基础上开发 A'。但是，虽说在卖方看来 A 和 A' 不一样，在顾客眼里却都是一样的 A。所以，我们必须抛开 A，思考 B 或者 C。

---

① 日语中的谚语，河边柳树下的泥鳅指偶然遇到的幸运，"柳树下未必总有泥鳅"，是不要守株待兔的意思。——译者注

实际上，Francfranc 没有"经典款"的概念，为了推陈出新，每年至少会换掉三成商品。7-Eleven 每年会更换七成商品。由于属于不同的行业，两家公司无法进行简单的比较。不过，经常更新商品应该是二者保持人气的共同秘诀吧。

## · "不许去其他店铺参观"

铃木：模仿别人的经营方式和不模仿别人的经营方式，哪一种更轻松呢? 看上去似乎模仿更轻松，其实这是一种假象。模仿别人的话，自己前进的道路会受到限制，无法实现差异化，很快就会被卷入单纯的价格竞争。这等于给自己设限，自讨苦吃。

不模仿的经营方式总是需要挑战新事物，乍一看似乎很辛苦，但转换思维方式，你就会发现，不模仿可以全方位多角度地思考问题，反而更轻松。

我在担任管理者期间，曾反复对员工们说，不能模仿别人。在流通行业，去其他公司的店铺打探情况是很平常的事，但正如前面讲的那样，我会下令员工"不许去其他店铺参观"。

如果一个人到别的店铺去看一看，就会在无意识中产生效仿对方优点的心理。但是，顾客看到你的模仿，会充满期待吗? 独具匠心的创意和别出心裁的方案才会让他们产生共鸣，感受到价值。

不过，如果只是单纯地对员工们说"不许模仿"，他们可能也没有什么实际感觉。

于是，我采用了严厉的说法——"不许看其他店铺"，借此想让他们彻底明白现在不是模仿别人的时代。

在需要实现自我差异化的时代，只要模仿别人，就不会成功。

## · 客户体验价值和员工体验价值相辅相成

要想实现自我差异化，就需要制造出让顾客产生共鸣的"事"，也就是说，我们需要从模仿别人转换为主动制造"事"。

舒尔茨匆忙回归领导层，试图力挽狂澜，让星巴克东山再起。他亲自写了一本名为《一路向前》（*Onward*）的书，记录了那段艰苦奋斗的改革故事。

他艰难地做出了裁员的决断，同时致力于新产品的开发和业务改革，采取了一项又一项措施，一年半以后，公司业绩打了个漂亮的翻身仗。

该书中给我留下了深刻印象的内容是，舒尔茨一个劲儿地跟伙伴们直接面谈，要求他们为了改革和革新勇于挑战，努力恢复了彼此之间的信任。

　　舒尔茨将双手伸向前方,号召大家"要努力,手上要沾满泥"。员工自发印制了带有双手沾满泥的照片的海报,还将其贴在了办公室里。

　　**铃木**:要想不模仿别人,实现自我差异化,每个人都需要自己动脑思考,拿出独有的创意和方案。本来星巴克的优势就在于每位员工在各自的店铺里都可以自行斟酌提供什么样的服务。

　　"单纯的作业"和"真正的工作"有什么不同呢?进行"单纯的作业"之前,你已经知道"答案"了;而挑战"真正的工作"时,你必须承担责任,自己动脑思考找出答案,逐步解决问题。

　　模仿别人时,由于答案已经出来了,对方向右你就向右走,对方向左你就向左走,虽然你觉得自己是在工作,其实你只是在进行"单纯的作业"。

　　相反,要想不模仿别人,实现自我差异化,你就需要做"真正的工作"。

　　我认为,星巴克业绩的下滑和恢复说明了一个道理:模仿别人的经营方式把工作变成了"作业",而不模仿别人的经营方式会激发员工的价值感,促使员工将其化为成果,形成良性循环。

关于这一点，有一个概念叫"员工体验价值（employee experience，简称 EX）"。

近年来，"engagement（敬业度）"这个概念在日本也受到了关注，它表示员工想要积极地专注于工作的心理和情感、想要主动发挥自己能力的意愿和活力的程度。

员工对工作的敬业度越高，员工体验价值，即员工通过工作感受到的心理层面和情感层面的价值也越大。

值得关注的是，据说员工体验价值和客户体验价值之间存在密切的关联。

如果员工体验价值很高，其对工作投入的热情、专注和活力的程度就会提高，客户体验价值也会得到提升。这反过来又会给员工带来"工作的价值"，进一步提高员工体验价值，形成良性循环。

客户体验价值和员工体验价值相辅相成。星巴克复兴的故事就是从恢复这一良性循环开始的。

**铃木**：7-Eleven 的店铺实行订货分担制度，也会让兼职的员工负责这项重要的工作。即使是打工的学生，也会负责订购便当和饭团等主力商品，这种情况在 7-Eleven 并不稀奇。

订货会影响店铺的经营，打工的学生完全没有经验，却也能够做好这项工作。这是为什么？是因为他们学会了日复一日地通过"假设和验证"进行单品管理。

即使打工的学生,也会一直被问"顾客现在需要什么?""你如何留住顾客?",所以他们工作 3 个月之后,也能像模像样地谈论经营之道了。

美国的 7-Eleven 店铺在经营失败之前,认为绝对不能把订货之类的重要工作交给兼职员工,而是要求兼职员工按照员工手册开展工作。他们收银台的 POS 系统也是专门用于防止兼职员工操作失误或营私舞弊。

针对这个问题,我去美国帮他们重建时,反复强调订货才是店铺的特权,帮他们重新梳理了单品管理制度,彻底颠覆了他们原有的体制。

结果怎么样呢?自从开始承担订货工作,员工们的工作热情高涨得令人吃惊。有的人在不上班的日子也会给店里打电话,确认自己订购的商品的销售情况。

其实就算给店里打电话,员工工资也不会上涨。但是,如果自己负责订购商品,员工就会关心销售情况。如果像假设的那样卖出去很多,员工就会获得价值感。

美国那边的管理者很吃惊,没想到兼职员工竟然会做这种事,称之为"奇迹"。对于兼职员工来说,这意味着自己以前只是被动地负责"单纯的作业",如今开始被托付"真正的工作"了。现场员工的工作方式发生了这样的变化,为收益的改善做出了巨大贡献。

 这是我（胜见）在东京都内的一家 7-Eleven 店铺采访时得知的故事。20 岁的 A 子在 3 个月前开始在店里打工，店长让她负责订购甜点类商品，刚开始那段时间，畅销的产品经常缺货，而别的商品却摆满了货架。

有一次，店长对她说："你试着按照自己的喜好布置一下卖场吧。"

A 子心想："店长所说的按照自己的喜好，大概就是让我向顾客传达'想卖某种商品的心意'吧。但是我现在的订货方式，无法向顾客传达任何东西。"

从那以后，她就开始思考自己想卖的商品。对于自己订购的商品，她会亲自试吃，还会手工绘制卖点广告，并写上自己的感想和评价，努力向顾客"传达自己的心意"。

值得注意的是，她深入思考了自己"作为顾客的感受"："发工资以后，作为'对自己的奖励'，想要奢侈一下，买点贵的甜品，估计大家都会这么想吧。既然如此，我就试着推荐一下吧。天气炎热的日子，自己也想吃口感冰爽的甜点，那明天就推荐这一款吧。"她开始关注天气预报和节日庆典活动，学会了按照自己提出的假设进行订购的方式。

结果以前不在甜点卖场停留的顾客也开始驻足挑选了，Ａ子也觉得工作越来越有意思了。

深入思考自己作为买方的需求，这正是"水井模式"的思维方式。她想要在订货时"传达自己的心意"，就深挖自己的水井——"作为顾客的感受"，结果找到了地下水脉，将自己和顾客的"感受"联系在了一起。

**铃木**：一个人被托付需要负责任的工作时，自然而然地就会感受到工作的价值，就会自发地努力工作，这是人的本性。

管理职位上的人应该时常关注，承担不同任务的成员们是在工作的时候尽职尽责地寻找答案，还是在模仿别人给出的答案单纯地完成作业。

# 19 | 凭借突破性思维，以未来为起点思考问题

· 关注"未来的可能性"，而不是"过去的延长线"

之前我们都是在"卖方对买方"的局面中理解客户体验价值，现在我想沿着过去、现在、未来的时间轴，换个视角思考一下。

您说的通过"假设和验证"的经营方式，具体是指先揣摩顾客的心理，预测其行为，推测其希望获得的体验（"事"），再进行假设并执行，最后验证结果。

您举了一个例子，即使是在严冬腊月，如果明天的气温会上升到让人微微冒汗的程度，就要提前订购凉面。顾客看到货架上摆放的凉面，自己也没有意识到的潜在需求就会被激发，就会不由自主地伸手去拿。

其特征在于始终贯彻一个视角——总是以顾客为出

发点思考问题，同时一直把目光投向不远的将来，在那里找出可能性，而不是停留在过去或现在的延长线上。也就是说，要"站在顾客的立场上，以未来为起点思考问题"。

**铃木**：顾客通过购买商品或利用服务，在什么时候会感到满足呢？

整理一下迄今为止我所讲的内容，第一种情况就像我之前说的那样，当我们提供的价值超过顾客自身的期望值时，他们会感到很满足。第二种情况是，当他们遇到以前从未体验过的新事物、自己的潜在需求被发掘出来时，会收获更大的满足。

顾客总会在新事物或从未有过的新体验中感受到价值。既然如此，卖方就必须总是挑战新事物，创造新产品。在挑战新事物时，过去没有答案，我们只能从未来的世界中寻找答案。

不要基于过去的经验，在其延长线上思考现在应该做的事，而是当看到未来的可能性时，就从那里回过头来，重新审视过去和现在，决定接下来要挑战的事。如果没有实现目标的方法，就和团队成员一起想办法；如果不具备必要的条件，就改变条件本身，突破障碍。

我把这种做法称为"突破性思维"。从企业开发新业务，到7-Eleven 店铺订购商品，我要求员工在工作的方方面面贯彻执行这种做法（图 2-4）。

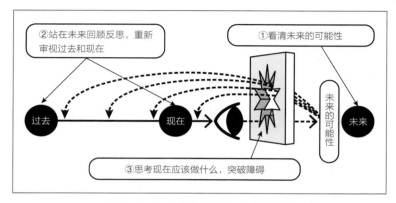

②站在未来回顾反思，重新审视过去和现在

①看清未来的可能性

过去　现在　未来的可能性　未来

③思考现在应该做什么，突破障碍

图 2-4　以未来为起点的突破性思维

现在不是由过去决定的，而是由未来决定的。不要停留在过去的延长线上，要跳跃到未来，以未来为起点思考问题。这就是所谓的"跳跃性思维"。假设就是从跳跃性思维中浮现出来的。

## ·不能用过去的逻辑否定未来的可能性

**铃木**：7-Eleven 就是这样创业的。

我在第 1 章中也讲过，在 20 世纪 70 年代初的日本，超市在全国各地开店，商业街里的大部分店铺处于逐渐衰颓的状况。就在那时，我得知了 7-Eleven 便利店的存在。美国的大型店铺比日本发达得多，7-Eleven 却在美国开了 4000 家连锁店。

关于日本的商业街里的小型店铺，人们往往认为其衰颓的原因在于超市的扩张。当时我在伊藤洋华堂专门负责人事、促销、宣传等管理部门的工作，没有销售和采购的经验。

不过，没有经验反倒是好事，我没有被过去的经验和已有的概念束缚，而是从别的视角思考了商业街凋敝的原因。

与制造业等行业相比，商业街里的小型店铺的生产效率明显更低，因此行政部门指导他们"把营业时间缩短到傍晚 6点""星期日停业"，以为这样有助于提高生产效率。但是，这种营业时间的调整给消费者带来了不便，并没有提高生产效率，反倒加速了顾客的流失。

另一个让我感受颇深的是市场的变化。我在伊藤洋华堂负责促销工作时，每次大甩卖的时候我都会前往店铺确认销售情况。我发现以前店铺一开门就会卖光的招牌产品也开始滞销了。

今后不再是摆出便宜的商品就一定能卖出去的时代了。我亲身感受到，物资匮乏的卖方市场正逐渐转变为物资过剩的买方市场，顾客不再单纯地因为价格便宜就觉得商品有价值了。

"小型店铺的生产效率和商品的价值，美国的 7-Eleven 应该拥有同时提高两者的秘诀。""如果能在日本活用这个秘诀，小型店铺应该也能得到消费者的支持。"从我看到未来的可能性的那一刻起，一切都开始了。

我之前也讲过，针对这个方案，涌现出来了很多否定和反对的论调，人们纷纷说"不可能""算了吧"。不过，那些反对意见全都是基于过去的经验得出的，是关于规模大小的结论，他们认为"规模大的一定赢"。而我认为"只要提高了商品的价值和生产效率，小型店铺也可以和大型店铺共存共赢"，针对这个观点，并没有人提出明确的反对意见。

不能用过去的逻辑否定未来的可能性。因此，虽然遭到了周围的人的反对，我还是毫不犹豫地决定创业，并付诸行动了。

不过，我原以为美国有"很多诀窍"，这一预测落空了，由于国情不同，最终我们只能靠自己，一切从零开始。我在前文已经讲过这一点。

在创业过程中，原有的商业习惯和行业惯例成为一道道障碍，挡住了我们前进的道路。我们通过在报纸上刊登招聘广告录用了一批几乎没有任何经验的员工，大家一起想象便利店应该是什么样子的，描绘未来的可能性，然后站在未来回顾反思，重新审视过去和现在，决定当下应该做的事，突破了那些障碍。

把便利店开在附近，24 小时营业，让顾客随时都能买到自己想要的商品，需要多少就能买到多少，我们创造出了前所未有的体验价值，开创了日本的便利店市场。

## · "黄金切片面包"成了高级切片面包热潮的先驱

 所谓未来的可能性，也可以说是指通过满足顾客的潜在需求，从而让顾客得以享受的价值吧。如果以顾客为出发点，关注未来的可能性，即使遭到反对，我们也能毫不犹豫地做出决断。

**铃木**：大家都赞成的事，往往会失败。反过来，大家都反对的事，一般会成功。

我在第 1 章中讲过的 7-Eleven 销售饭团和便当的例子就是如此。一开始，人们反对说："消费者都习惯在家里做饭团和便当，所以不可能畅销。"

针对这个意见，我认为如果极致追求原材料的品质和美味，做出来的产品比家里做的更好的话，顾客就会发现"在便利店购买饭团和便当"很方便，这种以前没有过的体验会给他们带来价值感。我看到了未来的可能性，于是开始了销售。

设立 Seven 银行时也面临同样的状况。流通行业竟然自己出资开设银行，这是一个前所未闻的项目。否定意见如潮水般涌来，以金融从业者为首的人们纷纷表示："在现有银行不断破产的情况下，7-Eleven 新加入这个行业绝对行不通。""就连现有银行的 ATM 都处于饱和状态了，Seven 银行的收益来源全靠 ATM 的话不可能坚持下去。"

主银行①的行长特意来找我，好心劝告说："开银行可不是那么容易的事啊。有我们（作为主银行）在一旁协助，要是还搞砸了，我们就会成为别人的笑料。所以，您最好打消这个念头。"

总的来说，否定意见的前提都来自银行的原有定义。而我认为"如果便利店里有 ATM，对于顾客来说会一下子方便很多"。我看到了未来的这种可能性，所以做出了决断。

如果按照过去的经验，我们也不会想出开发黄金切片面包的方案。产生这种想法的契机源于我的一个单纯的疑问。切片面包在日本的主食面包市场中约占六成。在柒和伊集团，除了制造商品牌的畅销商品，也销售自有品牌商品，销售业绩也不错。

不过，我对那些面包的味道一点都不满意，面包专卖店和高级餐厅里销售或提供的面包更好吃。

于是，我心想："虽然顾客几乎每天都在便利店购买切片面包，但他们应该也想要更好吃的面包吧？""哪怕稍微贵一点，如果我们提供更加优质的切片面包，也应该可以让顾客感受到价

① 日本的企业往往有一个或几个主力交易银行，这些银行是企业的最大贷款银行和主要结算银行，同时还持有企业的股票，是企业的主要股东之一。——译者注

值。"我关注到了未来的这种可能性，所以决定开始发售。

黄金切片面包大获成功，也给整个切片面包市场带来了影响，成了高级切片面包热潮的导火索。街上出现了专门销售优质切片面包的"切片面包专卖店"，大型制造商品牌厂家也开始发售价格昂贵的高级切片面包。

所以，一定要把目光投向未来。人们真正希望的状态是什么？或者人们虽然想做却感到困难、不知所措或持怀疑态度的事是什么？你应该探索答案，积极发起挑战。

# 20 | 不要被"成功的报复"束缚住

 将目光投向不远的未来，寻找可能性。与之形成对照的是，被过去的经验所局限，自以为是的想法根深蒂固。人为什么被过去的经验限制住以后，看到的光景就不一样了呢？

铃木：前文提到过的早稻田大学商学院的内田和成教授在和我交流时，也谈到了这个问题。他说，一个人或一个集体铭记住过去的成功体验以后，当面临新的变化时，就会被该成功体验缚手缚脚，难以应对，下一次成功就会受到阻碍。他把这种现象称为"成功的报复"。

他还给我介绍了乔尔·亚瑟·巴克（Joel Arthur Barker）写的《范式的魔力》（原书名为 *Paradigms*）一书中潜水员的案例。

潜水员在潜水过程中，发现在水深 50 米左右的海底掉落了一个百威啤酒的易拉罐。他说易拉罐那红白相间的底色对比鲜明，因为红色非常醒目，所以一下子映入了自己的眼帘。

实际上，在 50 米左右的深水区，由于光线的折射，红色看上去像是深灰色。

然而，在潜水员的头脑中，"百威啤酒的易拉罐"和"红白底色"已经结合在一起，让他产生了一种错觉，误以为看到了红色。更为准确地说，其实他本应看到一个深灰色的东西，却看成了红色。

人的先入为主的想法就是这么根深蒂固。因此，当你带着过去的成见观察周围时，有可能看不到现实，而是把现实改变成了你想看到的样子。


· 过去的经验就像一层滤光片，会让你看不到变化


铃木：如果把"海底的百威啤酒易拉罐"类比成新环境下顾客的需求，你就会明白在被过去的经验束缚住的人眼里，变化呈现为什么样子。

当一个人被过去的经验束缚住、无法应对变化的时候，他并不是不想看变化，也不是无法看变化，而是想看也看不到。过去的经验形成了一层滤光片，总是遮挡着他的眼睛。当他透过滤光片向外看时，变化就消失了。即使他拼命努力，也会偏离目标，这是理所当然的事。

例如，当你面向日本人滔滔不绝地讲日语时，大家都会侧耳倾

听。但是，无论你讲的内容多好，如果听众换成了中国人，你就必须考虑别的传达方式。如今的市场就正在发生这样急剧的变化。

然而，被滤光片遮住眼睛的人不知道听众已经换成了中国人，还以为和之前看到的一样，于是仍然说日语。他发现对方没有反应时，就以为今天的听众听不懂内容的趣味性，把这个问题当成"听众的错"，开始发动攻击。这样一来，听众自然再也不会聚集在他身边了。这就是内田教授所说的"成功的报复"。

再举一个例子。秋末冬初的时候，有一天早上，气温一下子降了五六度。针对如此急剧的变化，如果你不多穿一件衣服的话，可能就会感冒。可是当你的感觉被滤光片遮住的时候，你的神经就没有那么敏锐，你只是把运动背心换成了短袖 T 恤，就自以为已经做出了改变。

但是，在当今这个时代，一点点变化和没有变化是一回事。

## ·开创未来就等于开辟市场、招揽顾客

 《范式的魔力》这本书的书名告诉我们一个道理：同样的范式（框架），在有效的时候会对工作有很大帮助，一旦不符合环境，就会阻碍变革。

人们为什么会被过去的经验中总结出的范式束缚住呢？

铃木：对于过去的经验，人们往往喜欢把原因和结果联系起来，用因果关系的搭配来记忆"好的范式"。取得的成就越大，这个搭配越坚固。那是因为成功体验会让人感到非常愉快和幸福。

当面临下一个课题时，他们却看不到状况已经发生了变化，而是找到之前成功的原因，这次也打算照做。局面越困难，人们就越容易想起过去的经验，重复同样的做法。

当然，我们也会从成功体验中收获一些东西。例如，战胜困难后获得的自信，再艰苦也能克服的信念等普遍性的东西。自信会让人成长。

但是，与此同时，人的思维和感觉往往容易被过去的经验形成的滤光片遮蔽。重要的是，我们要认识到，人本来就是拥有这种习性的生物。

一个人被过去的经验束缚住的时候，即使在应该变更前进路线的时候，也会产生惯性，无法轻易改变方针。然而，掌舵人却由于被滤光片遮住了感觉，自以为已经变更了航道。这样一来，很快他就会在应该前进的路线上被丢在后面。

要想总是把目光投向不远的未来，一直拥有这样的视角，你就必须每天擦拭过去的经验带来的滤光片。

顾客离开的最大原因是卖方墨守成规。如果你提供的商品或服务千篇一律，顾客感觉不到任何价值，就会选择离开。在我担任管理者期间，无论业绩多好，我都会经常严厉斥责员工，瞅准时机就对他们说"一松懈就会故步自封""要把手头上的工作全盘否决掉",目的就是防止滤光片蒙蔽他们的双眼,使他们失去判断力。

你要重新问一下自己,"海底的百威啤酒易拉罐"看上去是红色的吗?

千万不能在过去或现在的延长线上类推应该做的事。

被誉为"现代管理学之父"的彼得·德鲁克(Peter F.Drucker)在他的著作《21世纪的管理挑战》(Management Challenges for the 21st Century)中这样写道:"只有用自己的双手开创未来,才能打开通往成功的道路。"

德鲁克还说:"创办事业的目的是招揽顾客。"开创未来就是开辟市场、制造需求,这样自然会招来顾客。7-Eleven 的创业以及后来开创未来的举措证明了这一点。

# 第 3 章

## 如何创造出顾客
## 追求的体验价值？

# 21 | 打破预定
      调和

## · "所谓创造性，就是将事物联系起来"

　　在第 2 章中，我们思考了客户体验经营所需的思维方式。接下来，在第 3 章中，让我们思考一下创造出令顾客满意的体验价值的具体方法。

　　在第 2 章中，我们谈到了"不要在柳树下捉第二条泥鳅"，"第一条泥鳅"给买方带来的新鲜感才具有价值。那么，我们怎么样才能创造出顾客追求的新价值呢？

　　铃木：革新的意思是创造出新事物，它包括两种类型：一种是创造出迄今为止不存在的概念；另一种是给原有的概念赋予新的意义。

　　在现实中，像前者那样从无到有的案例很少，大多数情况是后者。即使是原有的概念，经过前所未有的组合或联系后，也会产生新的意义或价值。

 您这么一说，我想起来不断成功创新的史蒂夫·乔布斯也曾说过："所谓创造性，就是将事物联系起来。"

我们在第 2 章中也介绍过，iPod 将便携型音乐播放器和音乐管理软件以及音乐发布服务全都组合在一起，实现了"将 1000 首歌装进口袋里"的目标。

正如"苹果公司将重新发明手机"这句宣传语说的那样，iPhone 和日本的传统手机相比，只是整合了几个极为有限的关键功能，如电话、浏览器等，就将手机变成了一台袖珍型便携式电脑。这等于重新定义了手机。

iPhone 完成了一项革新。通过卓越的浏览器，用户可以从丰富多样的应用程序中选择自己的生活所需的应用，下载后自行编辑使用。

**铃木**：提出或提供前所未有的组合或联系方案，制片人秋元康先生称其为"打破预定调和"。

他举了一个例子，就是"可可、黄油和袖珍书"的组合。

在欧洲，人们冬天喝可可的时候会放少量黄油，据说这样会使得香味更加浓郁，更好喝。但是，在日本几乎没有人知道。

于是，他提议说"在秋冬的漫漫长夜里，一边品尝热的黄油可可，一边看袖珍书吧"。很多人以前没有见过这样的组合，觉得这是一种新鲜的体验。秋元康先生说这种提案的新鲜感也很重要。

可可本身是很早以前就有的饮品，并不是什么新奇的东西。黄油和袖珍书也是如此。但是，将可可、黄油和袖珍书组合、联系在一起后就产生了新的意义。正如 Francfranc 的高岛郁夫先生说的那样，不再是单纯的 A'，而是变成了 B 或 C，具有了另外的价值。

所谓"预定调和"，原本是一个哲学用语，意思是"世界之所以能够维持秩序，是因为上天事先安排好了，让一切保持协调"，在日本引申为"事物按照所有人预想的流程进展，结果也不出所料"的意思。

据秋元康先生说，就像可可、黄油和袖珍书的组合那样，将那些看似随处可见的商品别出心裁地组合起来，令人眼前一亮，这就叫打破预定调和。

不过，只为标新立异而故弄玄虚的话，算不上打破预定调和。例如在汉堡包里夹豆沙馅儿，即使做出这种稀奇古怪的东西，也只能引起一时的热议，很快就会被人们厌倦。实际上，新的提案也需要以"不变的视角"为基础。

秋元康先生说："零售业的根本魅力就在于，不断提出打破预定调和的新方案，让顾客带着兴奋和期待的心情想'咦？这次又有什么新提案啊？'"他的这番话完美地道破了"销售能力"的本质。

　　秋元康先生负责策划的 AKB48（日本女子演唱团体）也打破了预定调和。他选择秋叶原这个在娱乐圈有些与众不同的地方作为活动据点，提出了"可以见面的偶像"的概念，结果让 AKB48 成了全民性的偶像团体。

## ·要想找到令人意外的提案，"察觉"很重要

　　铃木：为了让顾客感到意外，我们要打破预定调和，要不断提出新的方案。据秋元康先生说，要想提供让顾客感到意外的方案，提出方案的人需要在日常生活中善于"察觉"令人意外的东西，这一点很重要。

　　不过，如果大家都朝同一个方向思考问题的话，就很难产生"察觉"。秋元康先生介绍了一个方法，那就是设置一个机动人员的职位。

　　企业本来是朝着一个共同目标前进的集体，而机动人员和公司内部的其他人朝向不同的方向，会察觉到令人意外的东西，

并把它找出来。

我在第 1 章中讲过，为了让员工探索不远的将来的 7-Eleven 形象，我让他们启动了店铺创新项目。参与店铺创新的团队就是这样的机动人员。

在开始实证试验的店铺里，团队通过前所未有的商品组合，为卖场创造了新的意义或价值。

当时，为了防止已有的想法掺杂进去，我作为董事长兼 CEO，曾责令包括总经理在内的所有管理干部："即使有话想说，也绝对不能说。""哪怕店铺破产关门，也不能给出任何建议或指导。"我甚至禁止他们去店里视察。

前文已经介绍过，在实证试验的店铺里，团队在布置卖场的时候考虑了顾客举办女性聚会和在家喝酒等"事"的层面的需求，通过交叉营销的方式设置了专门面向女性消费者的区域，打破了便利店的预定调和，使日销售额实现了惊人的增长。

· **"当向日葵成为热潮的时候，撒下蒲公英的种子吧"**

铃木：为了让大家不去追逐第二条泥鳅，据说秋元康先生一有机会就说这句话："当向日葵成为热潮的时候，撒下蒲公英的种子吧。"

我在和很多推出了火爆商品的人交流时，发现他们也持有同样的想法。

统率幻冬舍的见城彻先生也是其中之一。在人们越来越不爱看书的背景下，这家出版社却不断推出大受欢迎的作品，在小说、商业书等众多领域都拥有销量突破一百万册的畅销书。

我曾和他交谈过一次，令我印象深刻的是随笔《大河的一滴》的诞生过程。本书的作者是五木宽之，一位达成了 270 万册销量的畅销作家。据说见城先生在和五木先生交谈时，曾说过这样的话："现在一味流行积极向上的思维方式，但是当政治、经济和社会的前景都不明朗的时候，消极的思维方式反倒更合适。"

五木先生拿中国战国时期的政治家、诗人屈原的故事做例子，这样说道："仕途不顺，遭到朋友背叛，病痛缠身，如果一意孤行就会失败。生活在这样的时代，在这样的前提下，只能随波逐流。"

屈原胸怀大志、能力超群，却被周围人的谗言所害，终生郁郁不得志。见城先生听了这个故事，拜托道："请您一定把它写下来。"

当时是 20 世纪 90 年代末，日本的金融机构一个接一个地破产倒闭，整个社会笼罩在一片不安的感觉中。在这种背景下，《脑内革命》（春山茂雄著，中文译本于 2011 年由江苏文艺出版社出版）主张积极思维才是对身心最好的良药，成了当时最畅销的书籍，积极思维风靡一时。

相反,《大河的一滴》主张"现在正是人生中痛苦与绝望持续的时期，凡事不强求"这本书反倒唤醒了读者心中真正的勇气和对生活的希望。

见城先生没有去追逐第二条泥鳅，而是在向日葵成为热潮的时候撒下了蒲公英的种子，结果打造出了红极一时的畅销书。

我们要自己寻找新的泥鳅，打破预定调和，在向日葵成为热潮的时候撒下蒲公英的种子，努力不断地创造出 B、C 商品或服务，而不是 A'。

竞争的本质就是实现自我差异化。社会越变得富裕，我们越不能忘记实现自我差异化，提高"销售能力"。

# 22 | 找到"优质"和"简便"之间的空白地带

## · 让二律背反 [1] 的因素并存的权衡战略

　　企业要想创造出新价值，就要给原有的概念赋予新的意义，进行革新。具体方法是，创造出前所未有的组合或联系，将其提供给顾客，打破预定调和。

　　在第 2 章中，我们谈到了顾客的期望值总是会不断提升的问题。那么，要想打破原有商品和服务的预定调和，创造出新价值，维持顾客的忠诚度，应该怎么做才好呢？

----

① 　二律背反是 18 世纪德国古典哲学家康德提出的哲学基本概念。指对同一个对象或问题所形成的两种理论或学说各自成立，却又相互矛盾。——编者注

铃木：对于原有的商品和服务，创造出新价值的关键在于如何选择"优质"和"简便"的组合。

人们一般认为，"优质"就是追求高品质，"简便"就是价格便宜、容易入手，二者是权衡关系。

权衡在日语中被译为"二选一"，很多人的理解是非黑即白，只能选择二律背反中的一方，舍弃另一方。但是在满足顾客需求方面，这并不是正确的理解方式。

在权衡选"优质"还是选"简便"时，不要一边倒，要考虑在"优质"中加入一些"简便"元素，在"简便"中加入一些"优质"的成分，这样才会产生价值。这就是权衡战略。

例如，7-Eleven 为什么能够维持顾客的忠诚度，让他们在心理层面和情感层面上得到很大的满足呢？

一般来讲，既然是便利店，最根本的就是要追求"简便"。但是，光是这样的话顾客无法感受到价值。

比方说食物，便利店要将美味和新奇追求到极致，甚至让专家都感到吃惊："便利店竟然会做到这个程度？"事实上，为了选择适合用于关东煮汤汁的干鲣鱼片，我们甚至指定了能够捕获鲣鱼的渔场，以便追求原材料的"优质"。

还有备货得当、商品新鲜、店员周到、店面干净等，只有提供优质的服务，顾客才会认可我们的价值。

我环顾了一下周围的行业，发现那些发展势头正猛的企业大多有明确的权衡战略。在追求"简便"的同时，也加入了"优质"的成分，优衣库和宜得利就是最具代表性的例子。

**·市场的"空白地带"中埋藏着顾客的潜在需求**

  权衡战略的要点是什么呢？

**铃木**：将"优质"和"简便"当作纵横两条坐标轴，在市场中找出没有任何人涉足的"空白地带"，实现自我差异化（图 3-1）。

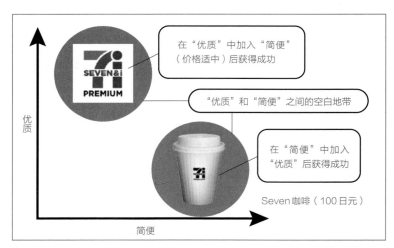

图 3-1  权衡"优质"和"简便"

Seven Premium 就是找到空白地带的一个典型案例。

流通行业的自有品牌商品一般倾向于追求价格方面的"简便"。而 Seven Premium 实现了与制造商品牌商品同等甚至更高程度的"优质",同时考虑到了价格方面的"简便",因而进入了自有品牌商品的空白地带,在便利店、超市、商场中的任何一种业态、任何一家店铺都成了爆款商品。

另外,Seven Premium Gold 系列的产品追求地道的美味,以合适的价格提供与专卖店同等甚至更高的品质,比 Seven Premium 更高一个等级,进一步提高了"优质"的程度,因此开拓了新的空白地带,成了火爆商品。

黄金切片面包也是如此,虽然价格比普通的制造商品牌商品贵,却将"优质"追求到了极致,从而挖掘出了埋藏在切片面包市场空白地带中的顾客的潜在需求。

还有 Seven 咖啡,一杯只要 100 日元,却拥有上等品质,这样在"简便"中加入了"优质",使它成了非常火爆的商品。

## ·将活动中使用的时尚花束用于家庭

铃木:第 2 章中提到过的青山花市也是如此。井上英明先生 25 岁那年创办了运营花市的公园公司,他对我讲过创业之初的故事。

我听了他公司成立的经过,才知道青山花市也是通过权衡战略打破了花店的预定调和，从而令顾客感到意外并对"新提案"充满了期待，最终成了万众瞩目的存在。

井上先生大学毕业后，在美国工作了一段时间，回国后决心创业。他的着眼点是从小就经常接触的鲜花。他去了鲜花批发市场，吃惊地发现鲜花的批发价和零售价之间存在很大差距。他觉得如果在销售方法上下功夫的话，就能以比当前的售价低得多的价格销售鲜花。

一开始他没有店面，完全采用预约制，接受订单后以合适的价格给顾客提供鲜花。

不过，以低价销售的模式本身绝不算新颖。事实上，后来大型流通企业也加入了竞争。井上先生觉得，如果没有什么附加价值的话自己就会失去竞争力。于是，他就召集了一些拥有插花技能的人员，开始承接为活动或聚会等插花的工作。

那时候他才注意到，活动中使用的鲜花和家庭中日常装饰用的鲜花完全不同。他想，如果提议将活动中使用的时尚花束低价用于平时的装饰，顾客应该会感到高兴吧。

想到这里，他开始筹办花店，将活动中的时尚元素和日常的生活场景结合在了一起。

他将活动中使用的时尚花束提供给家庭使用，而且销售价格比原来合理得多。

青山花市的思维方式的独到之处在于，将活动用的鲜花和家庭用的鲜花这两个以前各自独立的业务结合在了一起。这种模式打破了鲜花销售的预定调和，是一种全新的尝试。

另一个希望大家关注的点是，活动中使用的时尚鲜花属于"优质"的坐标轴，比原来合理得多的价格属于"简便"的坐标轴，他在这两条轴线上思考如何销售家庭用的鲜花，结果就在鲜花销售市场中找到了无人涉足的空白地带。

井上先生在"优质"中加入"简便"，从而找到市场中的空白地带，打破了预定调和，创造出了前所未有的新价值，称得上是慧眼如炬。

在顾客看来，这个空白地带就是他们自己都没有意识到的甜点区①（sweet spot），正好戳中了他们的潜在需求。将时尚的花束装饰在家中这件"事"就是新的体验价值，这一提案激发了消费者的购买意愿，从而催生了新的需求，开创了新的市场。

井上先生在鲜花销售方面原本是个外行，是从零开始。如果井上先生是鲜花销售领域或者流通行业的内行，也许他会开展"优质竞争"——和别人比高级感，或者"简便竞争"——和别人比低价格。

---

① 本义指球拍或球棒的最佳击球点，后广泛应用于其他领域，指最佳位置、最佳效应点等。——编者注

正因为他是 25 岁才进入鲜花销售领域的外行，才不会被过去的经验束缚住，没有陷入预定调和，因此找到了无人涉足的空白地带。关于"外行的强大"，我会在后文再次讲述。

### ·不可陷入市场的"不毛地带"

 单凭"优质"或者单凭"简便"都无法让顾客感到满意，企业要明确权衡战略。同时，要想让二律背反的因素并存，企业就要有明确的目标。如果方向不明确，会有什么样的后果呢？

**铃木**：如果权衡战略不明确，"优质"和"简便"都做得不够彻底，就会被顾客从选项中排除。在凯文·梅尼（Kevin Maney）的《权衡：你的产品要的是体验，还是便利》（*Trade-Off: Why Some Things Catch on, and Others Don't*）这本书中，他将这种不彻底的状态称为"不毛地带"，就是指顾客不再感受到价值的状态。书中举了一个例子，就是有一段时间业绩急剧下滑的美国星巴克。

星巴克给顾客提供的体验价值是"能够度过一段悠闲舒适时光的绿洲"。它将"优质"作为基本战略，获得了顾客的大力支持，也加入了咖啡店的"简便"元素。

然而，我在第2章中也介绍过，自从他们开始转向扩张路线、发起开店攻势以后，"优质"元素就减弱了，而且又不像麦当劳那样"简便"，从而陷入了不毛地带，业绩停滞不前。后来，他们重新恢复了"优质"路线，才又回到了正轨上。

美国7-Eleven的经营在20世纪80年代开始恶化也是因为陷入了不毛地带。正如我在第1章中介绍过的那样，原因在于他们追随超市的做法，开始24小时营业，并强化了减价战略。

与商品种类和数量占优势的超市进行价格竞争，7-Eleven不可能赢得过。这样既失去了"优质"，"简便"又做得不彻底。顾客在7-Eleven购物失去了"事"的价值，因而他们的经营惨遭失败。他们向我们请求了支援。

后来他们通过导入日本7-Eleven的经营方式，提高快餐类食品的品质和鲜度，彻底执行确保"简便"的同时追求"优质"的战略，实现了复兴。

如果你的业绩没有提升的话，就应该确认一下，是不是战略执行得不彻底？在"优质"和"简便"两条坐标轴上，你要选择哪个方向做目标呢？

 顾客的期望值会不断提高。针对这种情况，应该如何通过权衡战略来应对呢？

铃木：在思考如何权衡"优质"和"简便"时，最应该注意的是，顾客追求的"优质"和"简便"的坐标轴总是在变化，卖方也要随之相应地变化，否则不知不觉间就会落伍，进入不毛地带（图 3-2）。

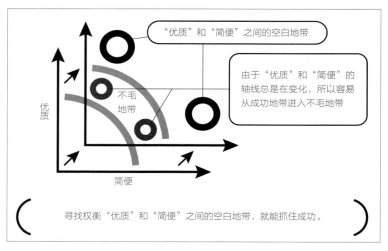

图 3-2　市场的不毛地带

日本 7-Eleven 自创业之初就开始销售饭团和便当，在"简便"中加入了"优质"，兼顾了两个方面。后来又开发了 Seven Premium 和 Seven Premium Gold 系列产品，一直在追求"优质"。

关于"简便"的含义，对于 7-Eleven 来说，在创业之初是指就在消费者身边，而且一直营业，以及后来又陆陆续续添加的一些便民服务，例如可以缴纳水、电、煤气等费用，设置了

ATM，可以使用多功能复印机获得居民卡的复印件以及印章登录证明等行政服务。

你只要停留在过去的延长线上，就一定会陷入不毛地带。

 百元店之所以受到消费者的支持，也是因为除了"简便"，它还拥有令人惊讶的品质："难道这个东西也是一百日元就能买到的吗？"而且，它不断地投入新产品，一直在提供附加服务，让顾客吃惊地发现"竟然还有这样的商品？"，从而满足了顾客的期望值。

铃木：再补充一点，在日本和美国，不毛地带的面积不一样。美国的不同阶层收入差距很大，所以像沃尔玛那样，很容易将低价和"简便"挂钩。

而在日本，每个消费者都会根据不同的情况选择不同的店铺，既包括百元店，也包括专卖店消费，所以对店铺的服务水平要求很高，不毛地带的范围比美国大得多。

企业要有战略性的思维方式，要一直思考权衡的内容：当下顾客追求的"优质"和"简便"是什么？我们应该加入什么样的"简便"和"优质"？不要忘记，一旦你停止前进、疏于应对变化，不毛地带就会悄悄靠近你。

# 23 | 锻炼假设能力①：
# 起点是发出疑问

## ·不要盲目听信传言，要发出疑问

 　　铃木先生，您主张经营学的精髓在于"假设和验证"的工作方式，要先揣摩顾客的心理，预测其行为，推测其希望获得的体验（"事"），再进行假设并执行，最后验证结果。

　　您认为，打破预定调和、创造新价值的时候也必须进行假设。

　　例如，7-Eleven 的创业、Seven 银行的设立、开发 Seven Premium 产品时对品质的追求，还有黄金切片面包的研发，起点都是您的假设。

　　这种"假设和验证"的工作方式考验的是创造假设的能力，也就是假设能力。您认为，一个人要想掌握假设能力，应该怎么做才好呢？

**铃木：**首先，我要指出人们对营销的误解。

在当今社会，商品的寿命不断缩短，人们的消费趋势不再呈富士山型（某种商品的人气逐渐升高，达到顶峰后持续一段时间，再缓缓下降）。现在是铅笔型消费的时代（商品的人气急剧升高，销量一下子达到顶峰，但是很快就会被厌倦）。此时，为了开发下一个畅销商品，企业就要提前察觉或挖掘市场中的潜在需求，这才是营销。

很多人认为，调查一下现在什么样的商品畅销、受欢迎，从各方面搜集此类信息，并采取应对措施就是营销。

其实，当你掌握了那些表面化的商品信息时，已经晚了，摆在店里的很多商品都已经是"明日黄花"了。

企业要"站在顾客的立场上"关注自己作为买方时的心理，揣摩顾客的心理，对潜在的需求进行假设。

 铃木先生，您是怎样进行假设的呢？

**铃木：**进行假设时并不需要最新的营销理论或者特别的技巧和能力。很简单，就看你想不想做。

进行假设的起点是对事物发出疑问。

发出疑问时，最重要的是不要轻易相信世间的传言，而是要带着问题意识去想"真的是这样吗？"，要养成独立深入思考的习惯。

这样一来，你就会养成一种理解能力，能够看透日常发生的各种事的本质。当你看透本质以后，一些假设就会自然而然地浮现在你的脑海里："这样尝试一下怎么样？""能不能这样做呢？"

和周围的人一样，或者盲目听信大家的说法肯定轻松，因为不费脑力。但是，如果你不培养自己动脑思考、进行假设、找出答案的能力，就没办法抓住机会。

我在第 2 章中也讲过，在我 20 多岁的时候，曾在东贩负责广告杂志《新书速递》的改版，成功将发行数量从免费的 5000 册提升到了收费的 13 万册。

我在 80 岁的时候提出了开发黄金切片面包的方案，引导其发展成了爆款商品。我之所以年过 80 依然能站在经营管理的舞台上，是因为我能够一贯坚持发挥创新能力和假设能力。

针对过去的经验和原有的概念，你要经常发出疑问："真的是这样吗？"《新书速递》改版前的编辑方针是"给那些爱读书的人尽可能地多登载一些新书目录比较好"，我对此提出了疑问。我认为"爱读书的人也想要那种让他们歇口气放松一下的小册子"。

以前，便利店里卖的切片面包全都是那种一百多日元的商品，我带着疑问心想："这样就能让顾客感到满意吗？他们应该想要更好吃的面包吧？"

发出疑问之后，我就抓住了顾客追求的东西的本质，所以才能提出假设。

确实，很多人认为"规模大才好""大比小强"，针对这些原有的观念发出疑问之后，7-Eleven 的创业就开始了。Seven Premium 也是对"自有品牌商品等于用低价吸引顾客"这一原有的普遍认知产生疑问后开始研发的。

· **假设不会从"学习"中诞生**

**铃木**：对自己的工作发出疑问也很重要。例如，假如自己公司的商品销售业绩迟迟没有提升。

你就要试着提出自己的假设：怎样才能创造出畅销的商品呢？怎样才能提升现有商品的销售额呢？此时你要把大脑当成一张白纸，不断发出疑问："为什么呢？""真的是这样吗？"

你要不断发出疑问：自己公司的商品或者自己的工作在哪

个地方存在什么样的问题……这样一来，属于你自己的假设就会浮现出来。

一个人想要开始做一件新的事情时，往往希望通过"学习"寻求答案。当然，通过学习获得知识并非完全没有必要。

不过，如果细究一下这里说的学习是怎么一回事，你就会发现多数情况下人们只不过是在照搬过去积累的经验。有时候你越学习越容易受到过去的制约条件的束缚。

当你想要挑战一件新的事情时，没有人知道会不会成功。你需要做的是提出假设。

提出假设要从发出疑问开始。只靠学习无法掌握假设能力，不存在任何疑问的人也无法提出假设。

 我（胜见）在东京都内的 7-Eleven 一家沿街店铺采访时，遇到了一名打工的学生 B 君。他负责订购便当、饭团、面类等主力产品。一开始，他并不会判断什么商品畅销。

经过反复试错，他发现每天畅销的商品不太一样。"为什么会这样呢？"他感到很奇怪，就去探寻原因，于是逐渐掌握了自己提出假设的方法。

例如，工作日有很多施工人员来店里，所以量大的便当卖得比较好。在下雨天，比起口味清淡的梅干饭团，人们更喜欢口味偏浓厚的鸡肉什锦饭团。至于面类，当气温接近 30℃ 的时候，凉面比较受欢迎；而气温低于 25℃ 时，意大利面卖得更好。

由于是临街店铺，周六会有很多带孩子的游客前来光顾。家长们会买一些水或者茶，再买一些纸盒包装的纯果汁给小孩子喝。纸盒包装的话，小孩喝的时候可以将吸管插入小孔，所以在车里也不会洒，而且纯果汁让人喝得放心。所以比起瓶装饮料，父母应该更愿意选择纸盒包装的纯果汁。

B 君先对自己的工作方式产生了疑问，之后发现来店里的顾客群体和他们所追求的体验价值都会因日期和天气的不同而不同，然后他就按照自己的假设进行了订购，工作就变得开心起来了。

铃木：在第 2 章中，我讲过"单纯的作业"和"真正的工作"之间的区别。"单纯的作业"是按照已有的答案进行操作，而"真正的工作"必须靠自己发出疑问、寻找答案。

便利店订购商品时没有答案，店员需要揣摩顾客的心理，预测其行为，推测其希望获得的体验（"事"），再对第二天可能会畅销的商品进行假设。

订购商品不是"单纯的作业"，而是"真正的工作"。哪怕有困难，你也要自己找出答案。这样，收获成果以后你就会感到更有价值。工作的乐趣增多了，你就会主动想要寻找更好的答案。如果你只是完成"单纯的作业"，就相当于永远在贩卖零碎的时间，不会向前进展。

打工的学生也需要完成"真正的工作"。所以大家都说，在7-Eleven兼职的话，只要3个月就可以开始谈论经营之道了。

# 24 锻炼假设能力②：
# 找到"先行信息"

## · 用来钓信息的"注意力的钩子"

　　7-Eleven的店铺在订购商品时，会参考第二天的天气预报、所在地域的各种仪式活动（当地学校的运动会或开学典礼等）、节日庆典等，根据丰富多样的"先行信息"揣摩"明天的顾客"的心理，对可能会畅销的商品进行假设。是不是不仅限于订购商品，提出假设时也需要先行信息呢？

　　铃木：所谓"先行信息"，是指为了察觉今后的顾客的心理和需求所需要的信息。换句话说，就是为了察觉潜藏在顾客心里的、可能连顾客自己都没有意识到的潜在需求，进而找到或创造出新的畅销商品所需要的信息。

在 7-Eleven 的店铺里，那些积极上进的员工总是在想："我要寻找可以为订购提供参考的信息。"他们在上下班的路上也会收集各种先行信息，看一下附近的建筑工地的日程表，根据第二天的施工类型推算来买午饭的施工人员的人数。

如果附近有很多公司，他们就会在年底向常客打听年末的工作安排，预测出因为加班赶进度来买晚餐的顾客会增多。另外，如果附近有体育设施，他们就根据周末的活动安排，调查哪一天会有很多亲子活动。

企业要有强烈的问题意识，要一直思考"明天的顾客想要的是什么"。如果你能够总是带着问题意识和目的意识努力工作的话，即使是那些不经意间看到的信息，你也能给它赋予价值。

 铃木先生，您自己是怎样找到先行信息的呢？

**铃木：**在我担任管理者的时候，经常有人问我："铃木先生，您经常提出各种各样的创意方案，请问您是怎样收集信息的呢？"其实，我并没有有意识地收集过信息。

在车上开着收音机听广播的时候，读书看报的时候，听别人讲话的时候，一些有用的信息就会主动靠近，挂在我大脑中的"钩子"上。在我思考一些问题时，这些信息就会成为线索。

无论是谁，应该都会自然而然地吸收自己感兴趣的信息。

比如我，听到娱乐圈相关的信息就不会留下任何记忆，但是年轻人很感兴趣，所以那些信息就会不断地挂在他们的"钩子"上。在工作方面也是如此。

例如，我之所以能想到开发黄金切片面包，是因为我听说在专卖店和高级餐厅，更好吃的面包哪怕 1 斤卖三四百日元也很受欢迎，这个信息就挂在我头脑中的"钩子"上了。

Seven Premium 追求的是品质，而不是低价。之所以开发这个系列的商品，是因为我看到，即使是在通货紧缩的背景下，哪怕价格稍微高一点，也会有一些消费者为了追求高品质的东西而付费，这样的案例也挂在"钩子"上了。

另外，现在所有的连锁便利店使用的饮料展示柜都可以在冬天将冷藏模式切换为保温模式。这也是我提议的方案。

以前店铺只是在柜台上放一台小型的保温柜，缺乏吸引力，所以一到冬天，饮料的整体销售额就会下降。

因此，我一直主张："为什么不能生产一种夏天可以冷藏、冬天可以保温的大型饮料展示柜呢？以现在的技术不可能做不到啊。"

在我经常去的高尔夫球场，我会看到那里冬天放着一口大锅或者一个大盆，里面盛着热水给饮料保温；年轻人冬天走在街上时手里握着温热的饮料。不经意间看到的这些场景都留在了我的记忆中。

一到冬天，人们在室外的时候就想用温热的饮料给身体保暖，温热的饮料也会让人的内心感到放松。如果便利店提供更多保温饮料，应该就能满足顾客的期望。果然不出我所料，当大量保温饮料被摆在店里之后，冬天的饮料销售额就有了大幅度提升。

## · 与其用"一根钓丝"，不如用"绳钩"收集信息

铃木：问题的关键在于，接触到信息时，你是否能找出该信息具有的意义，给它赋予价值，将其应用到自己的工作当中。

虽然我反复要求负责人和厂家研发可以切换为保温模式的饮料展示柜，但是迟迟没有实现，其中一个原因是现场的工作人员都无法完全摆脱固有观念，认为"饮料就等于清凉饮料"。

还有一个原因是，以前柜台上有一台小型保温柜，有些人只看实际业绩，认为已经有保温柜了，饮料还是卖得不好，误以为饮料在冬天本来就应该卖不出去。

如果脑子里存在这些固有观念和误解，你的感觉就会变得迟钝，即使你干劲十足地想要收集信息，那些信息也不会留在你的记忆中。

在信息泛滥的现代社会中，我们总是觉得必须获取最前端的信息，不能落后于信息的洪流。这种好胜之心有时会让我们被

信息牵着鼻子走，往往得不到真正需要的信息。

有意识地收集信息也很重要。但是，就算你像评论家那样拥有很多信息，如果不能给它们赋予价值，也不算拥有良好的信息应用能力。

更重要的是，你要明确自己的问题意识，尽可能多持有一些注意力的"钩子"，然后将"钩尖"磨得锋利一些。

如果你平时就有问题意识，那么有意义的信息就会自动挂在你的"钩子"上。

那些乍一看风马牛不相及的信息才具有新的价值。拥有较多"钩子"的人即使无意间看到了事物，也能看透其中包含的意义，并将其作为先行信息。总是想要创造出新的东西，这种挑战的热情和问题意识才能够支撑你的信息应用能力。

相反，对于没有"钩子"的人来说，即使遇到有可能联通矿脉的信息，他也会觉得和自己毫无关系，往往只是当作耳旁风。如果被过去的经验、原有的常识、主观臆想和固有观念所束缚，你即使处在信息的海洋中，也钓不到任何东西。

 如果说在信息的海洋中有意识地收集信息属于"一根钓丝"，那么让有意义的信息自动挂在你的注意力的"钩子"上，就是所谓的"绳钩方式"吧（图 3-3）。

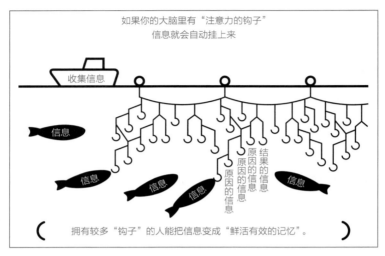

如果你的大脑里有"注意力的钩子"
信息就会自动挂上来

收集信息

信息

信息

信息

信息

信息

原因的信息
原因的信息
原因的信息
原因的信息

结果的信息

信息

拥有较多"钩子"的人能把信息变成"鲜活有效的记忆"。

图3-3　用来钓信息的"注意力的钩子"（用绳钩收集信息的方法）

　　拥有信息应用能力的人不单单能钓到信息，还能把不同的信息分门别类地联系起来。有结果就有原因，该原因又是其他原因造成的结果……像这样，结果和原因在大脑中环环相扣，每一个要点都对应一个"钩子"。

　　我们不能只被其中一个信息吸引，要把这些信息当作一个整体来把握，同时关注它们之间的联系。这样一来，信息就会变成"鲜活有效的记忆"。

　　（另外，POS 数据表示销售的结果，在提出假设时，根据看数据的人持有的不同的问题意识，该数据有可能成为重要的先行信息，我在第 4 章中会介绍相关案例。）

# 25 | 锻炼假设能力③：
兼具微观和宏观两种视角

## · 看到树木就要想到森林，看到森林就要想到树木

 即使接触到同样的信息，人们还要看是否能找出该信息具有的意义，给它赋予价值，并将其应用到自己的工作当中。

当信息挂到注意力的"钩子"上时，如果能够找出其中的意义，给它赋予价值，就能从中引导出假设，将其应用到自己的工作当中。那么，怎样才能给信息赋予意义或价值呢？

铃木：我们在提出假设时，必须"站在顾客的立场上"思考问题，描绘未来的可能性。我们还需要同时拥有微观和宏观的视角，既要关注树木，又要关注森林。

在便利店订购商品时，下订单的人并非只关注自己负责的商品就可以。商品属于微观的东西，他们要透过微观的层面把握宏观的趋势，比如顾客的倾向、当地的特征和市场趋势等。与此同时，他们还要思考整个卖场如何备货才能应对需求的变化，如果不将宏观视角再落实到微观层面，就无法超过顾客的期望值。

日常工作中实际处理的业务属于微观的层面，有的人在处理微观层面的业务时，由于缺乏宏观的视角，无法顺利地提出假设。我经常见到这样的案例。

你要在看到各种各样的微观层面的事以后，把握宏观的趋势，然后再落实到微观层面。有一个说法叫"只见树木不见森林"，而你看到树木就要了解森林，了解森林之后，你还要思考森林中应该有什么样的树木。

 如果总结一下的话，就是要兼顾从个别把握整体的归纳性思维和从整体把握个别的演绎性思维。

**铃木**：黄金切片面包成了爆款商品，它的出发点就是假设"顾客应该想要更好吃的切片面包"。这个假设也是从宏观和微观这两个视角下诞生出来的。

从宏观的视角来看，你必须总是抓住社会和市场的动向。此时，大的标准就是权衡两条坐标轴，一条是追求"优质"的方向，另一条是追求价格便宜等"简便"的方向。

黄金切片面包是 2013 年 4 月开始发售的，当时切片面包市场一直在开展低价竞争。超市经常特价销售切片面包，有些低价区的切片面包，1 斤的价格低于 100 日元也不稀奇。

但与此同时，正如前面讲的那样，在一些专卖店和高级餐厅，更好吃的面包 1 斤卖三四百日元也很受欢迎。无论面包厂家还是流通行业，谁都知道这个事实。但是，如果你把这个微观层面的商品动态理解为"专卖店是另一个世界"，那你就无法前进了。

我看懂了宏观的趋势，我觉得："切片面包是每天都要吃的东西，哪怕价格稍微高一点，顾客也想吃优质的面包，他们追求的是内心的满足感。"然后，我在权衡"优质"和"简便"的坐标轴上观察，发现便利店在备货时，这里是一片空白地带，所以投入了商品，最终实现了热卖。

也就是说，您没有被"专卖店是另一个世界"这种固有观念束缚住，所以信息就挂在了您的"钩子"上，开始具有意义了。

### ·拥有微观的直觉判断力和宏观的构想能力

**铃木**：我再举一个不被固有观念束缚的例子，是关于冰激凌类产品市场的故事。

从 20 世纪 90 年代起，整个冰激凌类产品行业的销售额逐年下滑，日益减少。将冰激凌定位为重点商品的 7-Eleven 也不例外，销售额停滞不前。

当时冰激凌的定位是"在超市一年 365 天被当成特价商品"。打八折或七折是常有的事，周末甚至打六折或半价出售。厂家也以打折销售为前提，试图尽量控制成本。

这给商品的品质也带来了影响，研发商品的人越来越难将目光投向味道和品质，逐渐失去了消费者的支持，陷入了恶性循环。比起"优质"，整个市场都把更大的比重放在了价格的"简便"上。

然而到了 2020 年度，冰激凌的年销售额刷新了历史最高纪录。2004 年，市场规模从缩小转为扩大。那一年发生了一件事，象征着市场动向的逆转。

当时，虽然冰激凌行业整体的销售额在减少，但是如果你从微观视角看一下店里的单个商品的销售动向，就会发现一些价格较高的品牌商品的销售额反倒在增长。另外，松软的西式糕点系列的甜品不断涌现，味道很好，品质也很高。

关键要看你怎么理解这个动向。厂家的普遍看法是"品牌商品属于另一个世界"，并没有当回事。那是因为他们没有脱离过去的经验的束缚，认为"冰激凌主要是卖给孩子的"。

相反，7-Eleven 认为"如今冰激凌成了一年到头都能给大人的生活带来乐趣的商品，100 日元左右的商品已经不能满足大人的需求了"，所以给冰激凌的定位是"哪怕价格稍微高一点，顾客也想买高品质的商品"。

也就是说，对于成年消费者来说，冰激凌已经成为体验价值的对象。

因此，7-Eleven 将微观层面的动向和宏观的趋势结合起来，转变了经营方针，开始走追求"优质"的路线。

结果 2004 年夏天天气炎热，冰激凌等冰制食品在日本全国都很畅销。在那一年的 7-Eleven 畅销商品排行榜前 10 名当中，走高级路线的原创商品占据了第 1 名到第 7 名和第 9 名，共 8 款商品榜上有名。

整个冰激凌行业仿佛都在追随这个动向。自 2008 年起，一些主力商品不惜提高价格也要走高品质路线，结果重新获得了消费者的支持，销售额逐年增长，冰激凌行业一下子从夕阳产业变身为大有前途的产业。

看到树木就要想到森林，看到森林就要想到树木。我们要透过微观层面观察宏观的趋势，再把宏观的方针逐步落实到微观层面。

要想透过微观层面观察宏观的趋势，你就要发出疑问"这个现象意味着什么？"，然后提出假设"应该是这么回事吧"。

一旦提出假设以后，验证假设的信息就会不断地挂在你的"钩子"上，让你逐渐变得有信心，能够毫不犹豫地判断不远的未来存在的可能性。

我之所以认为"更好吃的切片面包会有市场"，也是出于一种直觉上的判断。微观层面的很大一部分会受直觉的影响，而当你具有宏观的构想能力时，直觉才会起作用。你应该在日常的工作当中锻炼兼顾微观和宏观两个层面的视角，以提升微观的直觉判断力和宏观的构想能力。

# 26 锻炼假设能力④：
用"水井模式"替代"河流模式"

## · 重视普通的生活感觉

铃木先生，您说之所以提议开发黄金切片面包，最初的契机是您自己"想吃比以前更好吃的面包"。

我们在第 2 章中提到过"河流模式"和"水井模式"的区别。根据过去的经验和原有的数据，认为顾客就在河对岸的某个位置，于是把球投过去，这就是"河流模式"。但是，在这个瞬息万变的时代，顾客已经离开那里向前走了。

相反，如果我们向下深挖自己的水井，我们自身也具有的作为买方的潜在需求就会涌现出来，这种需求就像地下水脉一样连通着顾客的水井。您说要想创造出假设，就需要拥有"水井模式"的思维方式。

作为提高假设能力的方法，我想在这一节继续深入思考一下"水井模式"。

**铃木：**无论是谁，一旦离开工作岗位，就会变成买方的身份，这一点不能忘记。所以，如果你按照普通的生活感觉来思考问题，就应该能读懂顾客的心理。

被称为流行制造者的人往往有一个共同点，那就是重视普通的生活感觉，并拥有以此来思考问题的视角和思维模式。

例如，第 1 章中提到过的佐藤可士和先生，他曾协助我们为 7-Eleven 的设计做总体策划。

佐藤先生说："创意和灵感基本上存在于日常的生活当中，我有两重身份，一个是作为消费者的自己，另一个是站在局外审视自己的创作者。"

也就是说，他作为一名创作者，会从作为普通消费者的感觉中获得创意和灵感。

佐藤先生表示："如果不是新事物，就无法带给别人感动和刺激。我们可以从日常生活中感到疑问的地方发散思维，这一点很重要。"

佐藤先生的设计很简洁，不标新立异，却引发了很多人的共鸣，大概是因为他一直保持作为消费者的视角吧。

**铃木**：不过，佐藤先生还这样说过："然而，人一旦投入到工作当中，往往就会考虑公司的盈利情况和社会声誉。"

人一旦到了工作岗位上，就会切换为卖方的身份，思考问题时往往会延续过去的经验，区分使用两种立场。佐藤先生认为这也是个问题。

在第1章中提到过的秋元康先生也是如此认为。我得知他在日常的工作中也保持同样的姿态时，感到非常有共鸣。

我问秋元先生"打破预定调和的创意是从哪里产生的"，结果他这样回答道：

"在策划下一个电视节目时，只让工作人员聚集在会议室里思考，这样做不会诞生有趣的方案。例如，在隧道2人组①的节目中有一个叫《食嫌王决定战》②的人气节目。有一次我和隧道2人组中的石桥贵明以及播音员三人一起去吃饭，聊到了不喜欢吃的食物的话题。有的人不喜欢吃的东西令人感到很意外，这个话题很有意思。于是《食嫌王决定战》的创意就诞生了。如果是在会议室里，我们绝对想不出来。"

"员工一回到家里，就回归了家庭成员的身份。大家在会议

---

① 日本男子搞笑艺人／歌手组合，成员包括石桥贵明和木梨宪武。
——译者注
② 又名《偏食王决定战》，是日本富士电视台的一档美食真人秀节目。——译者注

中途短暂休息的时间里闲聊时，肯定会聊到'哎呀，昨天我家孩子怎么怎么了'或者'我老婆怎么怎么了'之类的话题。我认为线索其实就隐藏在这些聊天内容当中。我们这些创作者往往觉得自己是专家，所以明白提案中的趣味，认为普通人可能理解不了。但是，无论普通人还是专家，感到有趣的点是一样的。我们应该重视自己在平时的生活中感到有趣的事。"

秋元先生很重视在平时的生活中感到"有趣"的事，也就是说，下班以后作为"普通的家庭成员""普通人"的感觉。

曾任 Francfranc 总经理的高岛郁夫先生为了磨炼员工的感受性，经常对员工说："尽量不要加班，要珍惜自己的私人时间。"

按照高岛先生的说法，在公司里完成的工作大部分属于"作业"，但是重要的不是"作业"，而是磨炼感受性、提升创造力。这个"要在私人时间里培养"。

自从入职伊藤洋华堂以来，我一直负责管理部门的工作，既没有销售和营业方面的经验，也没有在商品研发部门待过。即便如此，我也能够提出一些关于新业务、新商品和新服务的方案，是因为我自己也有作为顾客的任性矛盾的心理，也有作为买方的普通的生活感觉。

按照普通的生活感觉来思考问题，如果你感到不满，或者觉得"要是有这种东西就好了"，你就会从中获得启发，察觉到顾客的潜在需求，从而做到为了满足该需求而提出假设。答案总是在顾客心里，同时也存在于"自己"心里。

## ·自己"不能成为生意的主体"

 自己是卖方，同时也是买方。我们要唤醒自己作为顾客的心理，"站在顾客的立场上"思考问题，与顾客拥有同样的视角和心理，在自己心中感受需求的变化，同时反复思考如果自己是顾客的话想要什么样的东西，接连不断地提出假设。

这可以说就是主体（自己）与客体（顾客）成为一体的"主客一体"的状态吧。

所谓主客一体，简单说来，就是指满脑子装的都是顾客的事，即一种忘我思考的状态。

看一下日本企业的整体情况，我们就会发现那些成功研发出客户体验价值高的商品的企业，大多都是用主客一体的商品研发方法创造出了畅销商品。

例如，三得利（Suntory）成功开发出了"BOSS""DAKARA"等众多畅销的清凉饮料。他们研发团队的成员会跑到街上调研，紧贴顾客的生活，共享顾客的感觉，打磨商品的概念。这个作业流程非常有名。

还有本田（Honda）开发的新车。卖得很火的车型"飞度（FIT）"是面向欧洲市场的全球战略车，因此研发团队的成员多次前往当地，考察当地人的购物和用车习惯。

每个成员都站在用户的立场上思考，提出自己想要的功能，把各自的想法汇总起来，逐步打磨开发理念。他们把这个过程称为"从个人到个人"，意思是"如果制造者提出个人的想法，最终就会落实到顾客个人的想法上"。

在变化纷繁的时代，我们需要通过主客一体的状态彻底进入顾客的角色，直接感受顾客内心深处的世界，并将感受到的东西作为假设提出来。如果我们采取"主客分离"的形式，在河对岸遥望顾客，恐怕就不会产生这种能力。

**铃木：**在买卖商品的生意当中，一般认为，卖方是"主体"，买方即顾客属于"客体"。但是，我每次都会告诫员工们："你们自己不能成为生意的主体。"

我们的社会结构依然是按照供给侧的方便，也就是卖方的方便打造的，我们身在其中，即使卖方自己没有这个想法，往往也会在无意识当中把自己当成主体。

人一旦觉得自己成了主体,就无法退一步思考问题了。他们难以摆脱固有观念和原有的概念,总是会考虑卖方自身的方便。

我们应站在需求侧看问题,而不是站在供给侧,要始终贯彻立足于顾客视角的思维方式,时时刻刻都站在买方的立场上思考问题,并将这一点铭刻在心。

如果平时没有相应的意识,你就很难唤醒自己心中也有的作为买方的心理。

人在工作岗位上的时候,就会为公司的利益考虑。我们不要区分使用两种立场,永远不要忘记普通的生活感觉,从消费者的视角思考问题,让"另一个自己"客观地理解你的想法,从中找出意义和价值。这样就会产生假设。

铃木一朗是曾效力于美国职棒大联盟的棒球运动员,虽然领域不同,据说他也重视经常通过"另一个自己"审视自己的视角。

他表示,站在"另一个自己"的视角,觉察理想的投球姿势和现状之间的偏差,才能在接下来的训练中有意识地去改善。这才是真正的专业人士。

千万不要自以为是,你需要一直让大脑保持"白纸"状态,养成通过"另一个自己"重新审视自己的习惯。

# 27 | 锻炼假设能力⑤：
重视"外行的想法"

· 以外行的视角解决单纯的疑问，就会产生新价值

铃木先生，您说要重视普通的生活感觉，除此之外，您还指出了"外行的想法"的重要性。您说越是那些"自以为是专家"的人，越容易过于相信自己过去的经验和积累的知识，往往会在判断市场需求时产生偏差。

您还讲过，7-Eleven 创业之初在报纸上刊登了招聘广告，录用的员工对零售业几乎一无所知，所以才能够打破原有的商业习惯和行业惯例。

在提出假设时，为什么"外行的想法"很重要呢？

**铃木：**所谓外行的想法，归根结底是指从"如果自己是顾客，希望商家这样做"的潜在愿望中涌现出来的想法。

那些流行制造者在创造出新商品时，除了重视普通的生活感觉，还很重视"外行的想法"。佐藤可士和先生就是一个重视外行视角的人。他给我举了一个例子。

佐藤先生一直想买一部纯色的手机，比如红色的话就整个机身都是红色，可是不知道为什么当时没有那种机型。于是，他问厂家的负责人："为什么这个部分要改变颜色呢？"结果对方理直气壮地回答说："因为那里是橡胶材质，所以用的是灰色。"

在业界人士看来，零部件的材质不同，颜色就不同，这是理所当然的事。从技术层面讲，要想做成同样的颜色也不是不可能，不过那样一来就会增加成本。

但是，在普通人看来，成本稍微上浮一点也没什么实际感觉。如果整个机身都是红色，给人感觉很酷，这样顾客感受到的价值肯定更高。于是，佐藤先生站在外行的视角设计了纯色的手机，结果这款手机成了空前火爆的商品。据说后来即使材质不同也采用同样颜色的设计理念逐渐成了业界的常识。

负责人作为专业的研发人员，要计算成本，考虑很多事项，越来越钻进细节里了，结果就看不清对于商品来说真正重要的点是什么了。

佐藤先生这样说道："可能降低几块钱的单位成本对于公司来说是很重要的问题，但是，如果你过于执着于这一点，就想不出新的创意。如果你站在外行的视角，思考'怎么不是这样呢？''要是有这种功能就好了'，努力解决这一类单纯的疑问，就会创造出新事物。"

 在客户体验价值的五种类型当中，设计属于 Sense（感官层面的体验价值）。负责人作为专业的研发人员，虽然擅长用头脑计算成本，却没有考虑到顾客内心的满意度，是这个意思吧。

铃木：“自认为是专家”的人误以为自己和外行的区别在于知道过去成功的方法。因此，他们没办法带着否定的目光重新审视过去的经验，也就很难挑战新事物。

有的人不受过去的经验和原有的概念的影响，能够像外行一样思考问题，就能创造出新价值。

青山花市的井上先生原本不是鲜花销售行业的专业人士，而是 25 岁才进入鲜花领域的外行。正因为如此，他才没有被过去的经验束缚而陷入预定调和状态。在活动中使用的时尚鲜花属于“优质”元素，价格合理属于“简便”要素，他将二者结合起来，才找到了无人涉足的空白地带。

# 28 | 通过"重新定义"事物创造新价值

## · 定义不是固定的，也未必只有一个

 您的意思是，要想提供超出顾客期望值的商品或服务，就要打破以前认为"理所当然"的固有概念。人们要想做到这样，就需要用外行的思维提出假设，而不是专家的思维。

铃木：所谓推翻固有概念或者打破预定调和，就是指打破事物原有的定义，在不偏离本质的范围内，确立新的定义。

此时你不要忘记，事物的定义并不是固定的，也未必只有一个，而是可以无数次重新定义的。而且，你给事物重新定义之后，就能够给顾客提供前所未有的价值了。

当我提议在 7-Eleven 销售饭团和便当时，周围的人纷纷反

对说："消费者都习惯在家里做饭团和便当，所以不可能畅销。"这是受饭团和便当原有的定义束缚的想法。

如今光是在 7-Eleven，每年大约就销售 23 亿个饭团。甚至一提到饭团，大家就会想到"是在便利店购买的商品"，这个定义已经固定下来了。

设立 Seven 银行时，以金融行业为首的人掀起了一股反对的旋风。他们认为"外行搞银行业务一定会失败"。总的来说，反对论的前提是来自银行的原有定义。

而我们最初的想法很简单，就是"如果便利店里有 ATM，就会为顾客提供更大的方便"。于是我们设想了一个专门用来结算的银行，以收取 ATM 的手续费为收益来源。

银行一般是为了让金钱在整个社会循环而存在的，而我们将自己想设立的银行重新定义为"代替人们的钱包的银行"。如果说原有的银行是出租车或专车，那我们自己想要打造的银行就是以前没有过的大家共同乘坐的公共汽车，这是一个独特的定义。而这正是外行的想法才能带来的。

如今不只是 7-Eleven 和伊藤洋华堂的店铺，Seven 银行的 ATM 还被安置在机场、车站、各种商业设施和金融机构的店铺里，已然成为一种社会公共设施。

同样，Seven Premium 和 Seven Premium Gold 也是打破了"流通行业的自有品牌商品等于追求低价"的原有定义，确立了独有的定义——"以合适的价格提供与制造商品牌商品同样甚至更高的品质""以合理的价格提供与人气专卖店同样甚至更高的品质"。因而产生了自我奖励性消费和张弛有度的消费等消费方式。

2009年秋天，我们对7-Eleven的备货品种进行了大幅度调整，也是出于同样的考虑。

关于便利店提供的便利性的价值，以前我们侧重于提供时间上的便利性，正如"开着门，太好了！"这句广告词所表示的那样。经过这次调整，我们重新定义了经营理念，提出了"当今时代人们追求的'近而方便'"这一口号，将重心转移到了提供"方便膳食"的相关商品上。从那以后，原本处于横向波动状态的业绩逐渐开始提升了。

7-Eleven的自助式滴滤咖啡"Seven咖啡"就是通过重新定义原有商品而大获成功的典型案例。

2013年正式开始发售之后大约用了一年时间，Seven咖啡的累计销售数量达到了4亿5000杯，这一销售规模超越了众多咖啡厅和快餐连锁店，在畅销商品排行榜上独占鳌头。

如今Seven咖啡每年的销售量超过10亿杯，7-Eleven也变成了"全日本咖啡销售量最大的连锁店"。

Seven咖啡是将便利店咖啡放在"优质"和"简便"的坐标轴上重新定义后的商品。

我们在各国收获的咖啡豆当中，严格挑选了最高级的产品，经过咖啡品质鉴定师确认风味之后才投入使用。为了更加凸显咖啡的甜味，我们采用两档温度、经过两道工序，将二次烘焙的咖啡豆用冷链温度（10℃以下）配送到各个店铺，以维持刚烘焙完的品质。

我们用的水也是最适合萃取的软水，每杯咖啡都是用现磨的咖啡粉滴滤而成。

我们在设计上也下了功夫，将专用咖啡壶和商标的总策划委托给了佐藤可士和先生。佐藤先生在担任 Seven 咖啡的总策划人时，曾表示"想把享受咖啡的日常时光变得更有质量"。

标准杯（150 毫升）的 Seven 咖啡每杯只要 100 日元，如此"简便"的商品却彻底追求了"优质"。Seven 咖啡实现了"优质"与"简便"的绝妙平衡，成功为顾客提供了"日常生活中短暂的优质时光"这一价值。

值得注意的是，Seven 咖啡还挖掘出了新的需求。它不仅在上班族较多的商业区畅销，在普通住宅区也同样畅销。这里的店铺经常会有 30 到 50 多岁的家庭主妇或中老年人前来光顾。

Seven 咖啡的畅销作为一种社会现象也引发了人们的热议。在日本经济新闻社举办的"日经优秀产品和服务大奖 2013"评选活动中，由于"让人们养成了'在便利店购买咖啡'的新型消费习惯"，Seven 咖啡荣获了最优秀奖。

Seven 咖啡通过重新定义便利店咖啡，创造出了新的体验价值，真正找到了市场中的空白地带。

 放眼望去，社会上通过重新定义原有的概念来创造出新的客户体验价值的案例比比皆是。

史蒂夫·乔布斯就是擅长重新定义的高手。

他将手机重新定义为"装进口袋里随身携带的电脑"，从而创造出了 iPhone；他将便携型音乐播放器重新定义为"随时随地可以从网上下载喜欢的音乐来欣赏的设备"，从而推出了 iPod；他将平板电脑重新定义为"介于个人电脑和智能手机之间的全新的设备类别"，从而创造出了 iPad，并称之为"魔法般的创新设备"。

第 1 章中提到过的迅销公司的优衣库也是如此，正因为董事长柳井正先生用自己的方式重新定义了"自助式服务"，才诞生了现在的营业方式。

柳井先生作为继承人入职父亲创办的男装公司以后，25 岁左右就开始负责公司管理工作，开始从事服装行业。

柳井先生去美国视察的时候，顺便去大学里的消费合作社看了一下。在那里，学生能够马上买到想要的东西，其备货品种之丰富和自助式服务吸引了他的注意。

柳井先生觉得："那里没有拼命推销的商业气息，店铺也是站在买方的立场上设计的。和书店或唱片店一样，你可以随意走进去，找不到想要的东西的话也可以轻松地走出去。如果以这种形式销售休闲服装的话应该挺有意思的。"他在那里直接感受到了休闲服装应有的销售模式。

自助式服务本来的目的是削减卖方的成本。然而，柳井先生站在顾客的视角，提出了"顾客希望的自助式服务"才是理想的销售模式的假设，将这一概念重新定义为"帮助你自己的方式"。

1984 年，他在广岛市开了优衣库一号店，经营理念是"让顾客通过自助式服务像买周刊杂志一样轻松购买低价休闲服装""打造让顾客可以自由选购的环境"。

优衣库提供的客户体验价值，是"站在顾客的立场上"重新定义自助式服务之后才诞生的。

三得利拥有众多畅销产品，它把"醇厚口感的威士忌"重新定义为"用餐时享用的威士忌"，从而创造出了极为火爆的海波酒①（Highball），通过威士忌，成功为顾客提供了和以前大不相同的体验价值。

另外，爱丽思欧雅玛凭借自主研发的家电产品实现了快速发展。它也通过重新定义原有的商品，推出了众

---

① 用威士忌和苏打水等饮料调制而成的饮品。——编者注

多畅销商品。

爱丽思欧雅玛原本是一个做注塑成型的小工厂。现任董事会会长大山健太郎先生为了摆脱承包业务的模式,开始挑战自主研发商品。

在园艺市场,他率先把"培育花草的园艺"定义为"装饰房屋的园艺",凭借花架和用于装饰阳台的栅栏等产品掀起了一股园艺热潮。

在宠物用品领域,他将宠物明确定义为"家庭中的重要一员",接连不断地研发了猫砂盆、宠物尿垫、室内宠物围栏等产品。

透明衣物收纳箱已成为爱丽思欧雅玛的代表性商品。这也是他将"方便收纳衣服的箱子"重新定义为"方便寻找衣服的箱子"之后诞生的。

**铃木:** 我在第 2 章中介绍过的旭山动物园的复兴故事,也是员工用"传递生命能量的动物园"这一理念重新定义自己的动物园之后开始的。

当重新定义原有的事物之后,你就会创造出前所未有的新价值,就会看到挖掘出新需求的可能性。

到那时,你不要忘记,新的需求总是在原有领域的"外部",而不是"内部"。当给原有的事物重新定义之后,你就会看到"外部"的东西具有新的意义或价值。

既然市场会发生变化，卖方也必须不断地变化。如果你现在负责的业务停滞不前或者销售的商品销量不佳，你就要自我反省一下，是不是自己被原有的定义束缚住、因循守旧、陷入预定调和的状态了？是不是不知不觉间停留在了不毛地带？

# 第 4 章

沿着客户旅程
思考战略

# 29 | 提出假设就是设想 客户旅程

## ·打造"顾客通道"

　　关于客户体验价值，顾客重视的是"购买前—购买—购买后"的一连串过程。按照"购买前—购买—购买后"的时间轴，俯瞰顾客在购买商品或服务之际的经历，就叫"客户旅程"。

　　"客户旅程"是由英语"Customer Journey"直译过来的一个词，具体是指顾客在哪个阶段、思考什么、有什么见闻、采取什么行动、感受到了什么等。将这一系列客户体验按顺序调查出来，就是顾客购买商品或服务之际的"通道"。

　　例如，我认为 7-Eleven 店铺在订购商品时，对第二天的畅销商品进行假设，其实就是设想第二天顾客的客户旅程（顾客通道），您觉得呢？

**铃木：**我在前言中写过的"海边的便利店和梅干饭团"，应该是一个简明易懂的例子吧。揣摩顾客的心理，预测其行为，推测其希望获得的体验，再对第二天的畅销商品进行假设。这正是对顾客有可能经历的体验过程提出的设想。

反过来也可以这么说，店方提出关于第二天的畅销商品的假设，在天气绝佳、适合钓鱼的日子，通过在货架上多摆一些梅干饭团，为顾客创造一种体验——中午吃即使在高温下存放也不容易变质的梅干饭团。

 店家不能单纯地照搬顾客过去走过的"通道"，而是要重新打造顾客今后要走的"通道"，也就是说，要创造顾客的客户旅程。

您在第 2 章中说过开创未来就等于制造需求、招揽顾客。所谓招揽顾客，也就是创造新的客户旅程吧。

在本书当中，之前已经介绍过您提议的各种方案，无论哪种方案，都可以说是挖掘出了顾客的潜在需求、创造出了客户旅程的案例。举一个例子，我们从客户体验的视角按时间轴看一下伊藤洋华堂的旧物折现大甩卖吧。

【购买前】

- 家里衣柜中堆满了不再穿的衣服，却因为有规避损失的心理，不舍得扔。

- 得知伊藤洋华堂正在举办旧物折现大甩卖。

- 既然不再穿的衣服还有价值，就想拿去折现。

【购买】

- 前往伊藤洋华堂，预估通过旧物折现能够获得的现金，购买一定金额的新衣服。

- 将带来的衣服通过旧物折现换成现金，由于不需要的衣服产生了价值，有一种赚到的感觉。

【购买后】

- 穿着新衣服，感觉很幸福。

此时，一个令顾客满意的客户旅程就诞生了。

**铃木**：对于卖方来说，重要的是在整个流程中理解顾客的购买行为。

例如，在 7-Eleven 的各家店铺中有一项最基本的业务就是整理货架。外面的商品卖出去之后，就把货架上靠里的商品往前摆，让陈列面总是整齐划一，将商标正面朝向顾客。

乍一看这是一项不起眼的工作，其实这是激发顾客购买行为的重要行为。

顾客进到店里以后，很多情况下还没有决定买什么。此时，如果他们看到整洁美观的货架，就会被琳琅满目的商品吸引。他们的购买欲望会受到刺激，手就会不由自主地伸向商品。

这就是顾客的心理。卖家单凭整理货架就能大大地改变卖场给人留下的印象，促使顾客购买商品。你只有在揣摩顾客心理的同时，在整个流程、过程中理解其购买行为，才能意识到这一点。

接下来，在本章中，我们将沿着客户旅程，思考一下应该如何招揽顾客、促使其购买。

# 30 在卖场这个"舞台"上 创造"故事"

## ·客户体验价值的源泉在于"故事性"

　　关于客户旅程，我们通过实体店的案例来思考一下吧。我们以身边的便利店为例。

　　客户旅程首先从顾客产生"去购物"的想法开始。顾客会思考徒步可到的范围内有几家连锁便利店，去哪家店比较好。

　　请允许我（胜见）在此稍微阐述一下自己的主张。

　　根据我多年来采访便利店行业的经验，我认为顾客在选择店铺时，起决定性作用的是该店具有的"故事性"。买方在购买商品或利用服务时，之所以能够接受自己的选择、从中找出消费的合理性，可以说是因为感受到了故事性。周末的自我奖励性消费和张弛有度的消费背后的故事就是给努力了一周的自己一些奖励。旧物折现大甩卖的故事性在于不要的衣服也具有价值。

也就是说，客户体验价值的源泉在于故事性。这样说来，顾客在判断选择哪家店铺时，应该也会在很大程度上受到该店铺具有的故事性的影响。

单纯地将商品摆在店里销售的话，不会诞生故事性。例如，人们之所以去百元店购物，是因为被它那魔术般的故事性所吸引——眼前出现的一个又一个商品都让人感到吃惊："这个东西只要 100 日元就能买下来吗？"购物商城也拥有独特的故事性，让人只是在里面闲逛也不觉得厌倦，即使经济形势不好也具有绝对优势。

编辑工学研究所所长松冈正刚先生习惯用"编辑"的概念理解所有事情，因而成了知名的"编辑技术的达人"。经常有企业管理者向他寻求智慧。据说在企业举办的研修会上，他会安排一次训练，让参会人员以自己的工作、亲自负责的商品、正在企划的业务等为题材，编造一个故事。可以是故事的形式，可以是剧本的形式，也可以是漫画的形式。参会人员必须动脑思考，塑造什么样的"故事情节"、安排什么样的"场景"、如何设定"出场人物"、谁来当"解说员"、如何做好最基础的"舞台设计"。据说在研修日程当中，大家对这个环节的参与热情最为高涨。

便利店也要以店铺为"舞台",创造出更多其他店铺没有的体验价值,才会诞生故事性,实现自我差异化。

如果你按照当地的活动和时令节气准备商品,就能和当地的人们建立感情联系,营造出家庭般舒适的故事性。

如果你的店铺位于大城市中心地带的商业街区,为女性顾客准备丰富的早餐沙拉,就等于为接下来努力工作一整天的女性加油助威,就具有了啦啦队的故事性。

如果你在店里摆上面向老年人的日本茶和日式点心,再配上带玩具的零食,你的店铺就会成为单身生活的老年人和当地的孩子们接触交流的场所。

如果你对晚上下班回家途中来店里的老顾客打个招呼,比如"您今天下班好晚啊!"或者"您一直工作到现在吗?",这样就能给顾客提供一个小故事。

如果顾客觉得某个店铺具有的故事性很有魅力,就会优先选择该店铺。当顾客产生了去购物的想法,思考去哪家店时,你要想让他们光顾你的店铺,就需要时刻用心打造有故事性的店铺。

**铃木:**我在第 1 章中讲过,电视上播放的关于 7-Eleven 形象的广告是我策划的。

"需要买东西，就去常去的 7-Eleven 吧。不知道为什么，在那家店购物很舒服，所以就会下意识地走进去。"我让电视机前的每一位顾客再次想起自己和附近的店铺之间的关系——"在自己眼里，7-Eleven 究竟是一个什么样的存在呢？"，此时，顾客心中浮现的想法就反映出对店铺的忠诚。

这份忠诚也可以说是从该店铺具有的故事性中诞生出来的。

### ·扎根当地的单店主义会产生独有的"故事性"

认知心理学在商业领域也受到了人们的关注，认知心理学中有一个概念叫"可供性"。可供性在英语中叫"affordance"，是由"afford"（给予或能做的意思）构成的一个新词。

在认知心理学领域，它的意思是"环境给予物体的价值"，一般指"物体本身就应该如何使用向使用者发出的信息"。

例如，即使有人不知道椅子是用来坐的，看到椅子也会坐上去。即使你不知道门上的推板的用法，推板也会告诉你它有"推"的用法。

便利店也是一样，不能只是单纯陈列商品，如果店里摆着各种日本茶和日式点心，就等于告诉老年人这是一个"可以随便进来喝茶聊天的店铺"。

如果早上店里摆着很多沙拉，就等于告诉那些希望减肥的女性顾客这是一家"重视女性需求的便利店"。

我觉得如果一个店铺能够根据商圈的特性创造充满魅力的故事性，对于顾客来说，它的可供性价值就很高，就能够引发共鸣。

**铃木**：根据商圈的特性或者当地的特殊需求打造店铺，我把这种经营方式称为"单店主义"。在当下这个消费饱和的时代，扎根当地的单店主义模式今后将会变得越来越重要。

我在第 1 章中介绍过 7-Eleven 的店铺创新项目，探索出的结果就是扎根当地的单店主义模式。

在位于登户市的川崎登户站前店，由于来店里的女性顾客较多，团队成员就打造了支援女性生活的店铺。例如，有的区域汇集了适合女性在家喝酒聚会的商品，有的专柜按照一定的概念横跨不同领域、陈列了适合年轻女性顾客的商品，还在卫生间里设置了方便替换长筒丝袜的更衣台。

在这个案例中，便利店为女性着想，这一故事性成为可供性，大幅度提升了这家店的日均销售额。

铃木：我们接下来又在长野县上田市的店铺进行了店铺创新的实证试验。攻坚团队的成员们首先从把握商圈的特性入手。他们调查了当地的饮食文化，发现长野县是全日本鱼肉香肠消费量最大的地方。

那里的吃法很有特点。说到鱼肉香肠，一般人的印象都是作为下酒菜或者零食来吃，而当地人却把它当成做菜和做汤的食材来使用，例如紫菜卷寿司和土豆沙拉的配料、天妇罗[①]的原材料、炖菜或比萨吐司的配菜等。

虽然是同样的"物"，却在用法和吃法等"事"的层面存在很大的不同，地域文化就体现在这里。

然而，按照 7-Eleven 的商品分类，鱼肉香肠属于"罐头食品类"。长野县的店铺一开始也是按照"物"的层面的思维模式将其陈列在卖场。7-Eleven 虽然很早以前就开始标榜单店主义，但是基本上都是按照以东京为中心的价值观设计店铺的模式。

后来他们改为"事"的层面的思维模式，将鱼肉香肠和豆腐、纳豆、鱼糕等常用食材摆在一个货架上，结果销售额增加到了原来的 3 倍以上。

---

① 用面糊包裹鱼、虾、蔬菜，用油炸的食品。——译者注

虽然是全国性的连锁便利店，但是这家店并没有一味模仿东京的店铺，而是面向当地，重视与本地的联系。由于向顾客发出了这样的信号，他们才取得了您说的成果吧。

## ·单店主义在后疫情社会中越发重要

**铃木**：我们在东京也进行了实证试验。那是在东京的住宅区吉祥寺新开的一家直营店。

这个商圈里居住着较多老年人和高收入人群。根据7-Eleven以往的经验，一般认为在收入水平较高的地域很难提高日销售额。因此，这个商圈的外部环境不容乐观，团队面临着严峻的挑战，所以更不能局限于过去的经验和原有的概念。

成员们提出了一个假设——手头宽裕的老年人虽然吃得不多，但是哪怕价格稍微高一点，应该也会选择更优质的食品。

7-Eleven 的店铺通常各自从总部推荐的商品当中选择订购。而这家店的团队成员们根据自己的假设，还自行采购了高一两个档次的商品试行销售。

例如，同样是制造商品牌商品，将普通番茄酱和价格接近其 3 倍的高级番茄酱摆在一起之后，店铺的销售情况开始好转，日销售额甚至超过了那片区域的 7-Eleven 店铺的平均值。

我们在吉祥寺店铺的试验表明：即使是在东京，如果根据各自商圈的特性和当地的需求采取单店主义的营销模式，日销售额也还有很大的提升空间。

 在每个店铺传达的故事性当中，扎根当地将会成为一个重要的关键词吧。

星巴克也是如此，虽然基本上在所有店铺提供同样的菜单，但是也会提供区域限定的随行杯和马克杯等周边商品，还在 47 个都道府县 ① 分别限时销售不同味道的饮品，以此加深与当地的联系。

**铃木**：特别是在后疫情社会，远程办公的模式导致人们的生活与当地的联系会比以往更加紧密。不只是便利店，今后的实体店也都应该追求彻底扎根当地的单店主义模式。

---

① 日本的行政区划，包括东京都、北海道、大阪府、京都府和 43 个县。——译者注

# 31 | 策展战略：通过筛选创造新价值

## ·什么是策展？

 客户旅程的下一个阶段就是顾客光顾店铺，在店里选择商品。此时考验卖方的是他们要通过什么样的方式提供什么样的商品。

这个课题与店铺具有的故事性和可供性也有关联，我还想介绍一个叫策展的概念。策展源自策展人，即在美术馆和博物馆专门负责策划和展示的人。

美术馆或博物馆的策展人根据自己的理念设定主题，筛选要展示的内容（作品），在美术馆这个平台上将其联系起来，创造出新的价值和意义。如今在所有的商业活动中，经营者都需要和策展人有相同的思维模式。

网络世界最先引入了策展这一概念。在信息爆炸的背景下，很多策展网站应运而生。他们根据独特的理念，收集用户想了解的新闻、时尚、美食等相关信息，编辑后提供给用户。

其实，物品泛滥的线下零售业更需要策展思维。我们已经在街上看到了相关案例——很多精品店会筛选做工精致、品位不凡的商品提供给顾客。

买方对品牌的忠诚度很高，在那些精品店购买商品的体验（"事"）本身就会让他们感受到心理层面和情感层面的价值。

精品店属于典型的"卖场策展"，在欧美国家，店主和店员都被比喻为策展人。

## · 经营车站大楼型商场的 LUMINE 是策展的成功案例

下面介绍的不是某个店铺或卖场的案例，而是一个商业设施的案例。经营车站大楼型商场的 LUMINE 在策展方面取得了显著的成果，承租人都是在全日本销售额名列前茅的人气精品店。疫情之前，它在 2019 年 3 月的营业收益为 768 亿日元，是 10 年前的 1.5 倍。在理解策展的概念时，LUMINE 是一个通俗易懂的案例。

LUMINE 本来属于不动产管理业，收益来自承租人根据其销售额缴纳的租金。直到 20 世纪 90 年代，LUMINE 还有强烈的"房东"意识，倚仗的是车站大楼这个优越的地理位置，依靠的是车站的揽客能力。

然而，泡沫经济崩溃以后，租户的销售额一路下滑，同时车站周围有很多对外出租的大楼，导致店铺租赁陷入了供过于求的状态，如果 LUMINE 继续原来的车站大楼出租业务，早晚会被埋没。

这种危机感促使他们转换了经营模式，不再单纯出租场地，而是和承租店铺共同设计卖场，走策展路线。很快，他们从只是拥有众多租户的车站大楼，变身为经过策展的时尚大厦，这是一次重大改革。

LUMINE 改革的核心是，明确目标顾客和筛选符合目标的品牌。他们将主要目标设定为对时尚敏感度很高的二三十岁的职场女性，然后请引领时尚的精品店加入设计团队。作为卖场的一大特征，他们特意排除了欧美的高级品牌，打造了职场女性也能"买得起的世界"，结果销售额开始直线上升。

LUMINE 另外一大特征就是，为了超过顾客不断升高的期望值，他们每年会替换掉占卖场面积 15%~20% 的店铺，从而保持持续改变，避免审美疲劳。

在替换店铺时，有些品牌虽然没有名气，却有发展潜力，LUMINE 就会将它们发掘出来，招来开店，并逐步将其培养成人气店铺。

买得起的世界就在那里，顾客每次去都会发现卖场有变化，接收到新的信息。顾客去 LUMINE 购物，也不只是单纯地购买"物"（商品），而是享受在 LUMINE 购物这件"事"（体验），这能让他们感受到价值。

我们将 LUMINE 这个案例中的租户换成商品思考一下，就会发现在店铺中对卖场进行策展的必要性。

**铃木：** 同样属于流通行业的综合超市（General Merchandise Store，简称 GMS）和商场为什么发展得不顺利呢？因为综合超市行业依然采用连锁店的运营模式，由总部的商品部统一采购商品，然后发送到各个店铺，进行标准化管理。

商场行业也在维持依靠批发商采购的模式和场地租赁业务。每个店铺的备货品种和租户都没有什么差别，结果销售额持续下滑。

过去是卖方市场的时代，按照卖方的思维模式，只要综合超市准备"更多商品"、商场准备"更高级的商品",生意就能够运转起来。但是,如今已经完全变成了买方市场的时代,卖方必须站在买方的视角提供"更好的价值"和"更合适的价值"。

在本书中多次出现过的 Francfranc 也是一个很好的案例。

"销售给人快乐和梦想的商品"是他们自己确定的经营理念,为了坚守这个理念,他们故意不卖很有生活感的商品。虽然他们知道把马桶坐垫摆在卖场也一定能卖出去,但是他们坚决不卖。这种筛选方式大概就是收获二三十岁的女性压倒性支持的原因吧。

同样受女性欢迎的卡尔迪咖啡农场(Kaldi Coffee Farm)也是策展的一个典型案例。

他们的经营理念是"营造令人兴奋激动的感动空间"。基于这一理念,他们的店内总是洋溢着异国市场般的氛围。除了咖啡,店里还展示着从世界各地收集来的多种多样的食材。无论你什么时候去,店里都挤满了年轻人,热闹非凡。他们的店铺数量也在不断增加。

## ·策展的关键是根据新的理念重新定义

根据 LUMINE 的这个案例，我追溯了一下"卖场策展"的过程，大致将其分为以下几个步骤。

①用新的理念重新定义卖场（LUMINE 摆脱了"车站大楼"的形象，以面向职场女性的"时尚大厦"为努力的方向）。

②根据理念筛选内容，将其联系起来，设计卖场（LUMINE 筛选了面向职场女性的品牌，将其联系起来）。

③创造出新的价值（LUMINE 打造了一个任何人都"买得起的世界"）。

对照这个过程可以发现，2009 年秋天，7-Eleven 在原有店铺的销售额和利润逐年降低、"市场饱和说"广泛传播的背景下，毅然决然地大幅度调整备货品种，也算是策展的一个案例吧。

铃木：我在第 3 章中讲过，事物的定义绝对不能固化。事物的定义并不是固定的，也未必只有一个，而是可以无数次重新定义的。

如果你想给顾客提供商品或服务，或者通过实业提供前所未有的新价值，你就需要重新定义。

正如我在第 1 章中讲过的那样，2009 年秋天，7-Eleven 用"当今时代人们追求的'近而方便'"这一理念重新定义了店铺的理想状态，着手大幅度调整备货品种。

由于出生率降低、老龄化加重，高龄夫妇共同生活的家庭和单身家庭呈增加倾向，以这些家庭或者职场的女性群体为目标顾客，我们将备货的焦点聚集在了熟食菜单上。另外，我们提供了名为"方便膳食"的新价值，帮顾客省去了做饭的时间和麻烦，成功恢复了业绩。

同样是在第 1 章中，我给大家介绍了店铺创新项目，那是在我的指示下启动的，目的是让员工探索不远的将来的 7-Eleven 形象。对备货品种的大幅度调整是所有连锁店铺共同的举措，而店铺创新项目是对个别店铺的举措。

我们用"扎根当地、满足商圈固有需求的店铺"这一理念重新定义了便利店的理想状态。我们不再单纯地销售"物"，而是思考顾客购买该商品时对什么样的"事"产生了共鸣，实现了思维模式"从'物'的层面到'事'的层面"的转变，在各地推广了卖场设计。

## ·超市也按照策展思维备货

铃木：基于这个店铺创新项目实证试验的成果，伊藤洋华堂也在 Ario（阿里奥）上尾店（位于埼玉县上尾市）进行了"独立运营店铺"的实证试验，让该店在店长的带领下自由发散思维、自主经营，目的是探索摆脱连锁店运营模式的可能性。

这次实证试验和店铺创新项目一样，也是先用"扎根当地、满足商圈固有需求的店铺"这一理念重新定义了超市的理想状态。

他们调查了埼玉县的饮食文化，发现埼玉县用来做乌冬面的面粉消费量位居日本第二，仅次于香川县，当地特色菜也有很多都使用乌冬面。于是，他们大大增加了乌冬面的备货数量，甚至一下子将其卖场面积扩大到了原来的两倍。

另外，他们将日本的三大乌冬面与各自适合的汤汁并排摆在一起，如"稻庭乌冬面[①]和海带汤汁""赞岐乌冬面[②]和鲣鱼汤汁""长崎的五岛乌冬面和飞鱼汤汁"。这样一来，他们就给顾客留下了"要买乌冬面就去 Ario 上尾店"的印象，使乌冬面的日均销售额出现了大幅度增长。

他们还发现，埼玉县的果酱消费量在全日本也名列前茅。

---

① 日本秋田县特产。——译者注
② 日本香川县特产。——译者注

于是，他们把果酱卖场移到了面包旁边的显眼位置，备齐了受欢迎的优质商品，结果日销售额顺利提升了。

埼玉县有很多农业区，因而很多顾客对蔬菜尤其挑剔。项目成员认为需要以更高的水准服务顾客，就在备货方面下了很大功夫。他们主要采购新鲜的当地蔬菜，还引入了石川县的传统蔬菜"源助萝卜"和适合炖煮的"萨沃伊卷心菜"，以吸引顾客的关注。

他们在采购水果时也严格挑选生产者，让部门经理去产地直接采购，每个季节都从日本全国各地挑选味道最好的水果。

另外，由于埼玉是"非临海县"，很多顾客反映不知道怎么吃鱼、不会烹调。于是，他们通过举办一些"吊切鲅鰊鱼"和"金枪鱼解体"之类的活动，在揽客上下功夫，同时扩大近海鱼的种类，备齐当季的鱼，在所有盛鱼的垫板上写上推荐的吃法，费尽心思地为顾客提供烹调方案。

他们还不断采用当地的兼职人员的提案，增加了在当地受欢迎的"腌勺菜"和"秩父①酱"等乡土风味的菜单。

"冷汁"是埼玉县的特产，用来浇在乌冬面上拌着吃。一直以来都是作为配饭料汁摆在茶泡饭料包的货架上，因而被顾客忽略了，之前一周只能卖出去两份左右。后来，他们将其堆在货架边上，又贴上写着"家乡菜"的卖点广告海报，结果冷汁就成了

---

① 地名，属于埼玉县。——译者注

热卖商品，一周能卖出去两百多份。如果不了解当地情况，他们就无法做出这样的成绩。

另外，他们发现店内的美食广场旁边有个几乎没有被利用起来的露台，于是开始举办"自助烧烤"活动——免费出借小炉子，让顾客在那里自行烤从店里买来的肉和蔬菜。

正因为他们是独立运营的店铺，才能实现这样的独特企划。起因是他们听到有些顾客反映"虽然想在室外烧烤，但是附近的烧烤场所总是人满为患，预约不上"。如果由总部做决定的话，这个企划方案很可能无法通过，遭到反对的理由很可能是"店里不能使用明火"。

Ario 上尾店是在实证试验的半年前新开的一家店，但是工作日光顾店铺的顾客一直不见增加，销售额也一直没有达到预期目标。然而，它作为独立运营的店铺摆脱连锁店运营模式之后，基于扎根当地的理念，通过大幅度调整备货品种和服务方式，销售额以同比增长 10% 以上的速度持续上升，成了全公司增长率最高的店铺。

· "半网格结构"的舒适空间

 顾客为什么会被按照一定的理念策展的卖场吸引并勾起购买欲望呢？我想这也可以用可供性的概念进行解释。

商品被明确策展后，卖场会诞生故事性，给买方提供使用方法。

如果你到 7-Eleven 川崎登户站前店的酒类专柜看一眼，就会联想到在家喝酒的画面；你走进卡尔迪的店里，就会产生一种在异国市场购物的感觉；Ario 上尾店的乌冬面专区会激发当地市民喜欢乌冬面的共同特质。

从这个意义上说，"店铺的策展"可以说是针对买方的可供性策略吧。

我觉得这些卖场还有一个共同的特征。川崎登户站前店的酒类专柜既是酒水的卖场，也是挑选生火腿、奶酪等精致下酒菜的场所，还是为顾客提供红酒和果干这样的新奇组合的场所。

卡尔迪的店内既是食材的卖场，又是可以边试喝咖啡边探索稀奇的进口食品的场所，还是模拟巡游世界寻找食材的旅游空间。

像这样，一个空间存在多个意义的交叠，在集合论的概念中叫作"半网格结构"。

例如，老城区的商铺的屋檐下，既是属于道路的公共空间，又是属于店铺的私有空间。传统日式房屋的檐廊属于房屋内部空间，同时也属于外部空间。无论商铺的屋檐下，还是房屋的檐廊，都是在人类历史中自然而然诞生的空间，被统称为半网格结构。

半网格空间的一大特征就是舒适，正如屋檐下和檐廊，都让人感到心情舒畅。

同样，川崎登户站前店的酒类专柜也好，卡尔迪的店内也好，都会让顾客感到舒适，这些店铺里卖场的策展也是实行打造半网格空间的策略。

与之形成对照的是"树状结构"的空间，综合超市的卖场就是一个典型案例。他们将商品按照"大分类—中分类—小分类"的方式摆放，以树的形状区分卖场。这样一来，顾客寻找某个特定的商品时很方便，但是这和是否舒适完全是两码事。

当然，零售业陈列商品的时候基本上都使用树状结构。但是，像川崎登户站前店那样，在店内的某个区域引入半网格的要素之后，卖场的吸引力就会截然不同。

对于今后的零售业来说，卖方需要的是"店铺的策展"，必须拥有作为"卖场空间的策展人"的意识，用新的理念重新定义自己的卖场，布置商品，创造出新的价值和意义。

仔细想来，过去那些生意兴隆的商店是存在半网格空间的。店主会按照自己的强烈意愿策展商品，让顾客可以一边购物一边享受闲聊的乐趣。

在零售业追求效率性和合理性的过程中，卖方和买方之间产生了缝隙，"卖场的策展"看上去是一个新的思维方式，实际上也算是填平这种缝隙、重新建立联系的一种尝试吧。

# 32 以策划能力提高 "销售能力"

## · 筛选商品种类有利于顾客做出选择

 在上一节当中，我们思考了备货的方法，也就是说，针对选购商品的顾客，我们以什么样的方式提供什么样的商品。

接下来，我想探讨一下向顾客推荐、宣传商品的方法。您使用了一个词，叫店铺的"策划能力"。

**铃木**：以独有的理念重新定义店铺、用符合该理念的商品构建卖场时，卖家要想通过日常的备货让顾客感到满意，就必须经常对畅销商品进行假设，然后验证结果，执行假设和验证的经营方法。无论什么样的业态，无论什么样的店铺，都需要这样做。

在运营店铺时，和假设能力同样重要的就是"策划能力"。

我在第 1 章中讲过"爆发点理论"。当事物的连续性变化积累到一定水平之后，就会达到爆发点，进入下一个阶段。

例如，7-Eleven 刚开始在一个新地域开店的时候，每家店的日均销售额增长十分缓慢。但是，当该地域的开店数量增加到一定水平后，7-Eleven 在顾客心中的知名度会突然升高，与顾客心理上的距离会缩短，日销售额曲线迅速升高。这个转折点就是爆发点。

自 7-Eleven 创立以来，之所以一直采取在一定的区域内集中开店的占优（高密度多店铺开店）策略，其中一个原因就是基于顾客的这种心理。

这个爆发点现象也适用于商品的陈列。同样的商品如果超过一定的陈列数量，商品的表现力和宣传力就会提高，同时在顾客心中的知名度会一下子升高，达到爆发点，成为"选购的理由"，顾客就会产生一种尝试购买的心理。

想要大力推广商品的话，你从种类繁多的商品当中筛选出来有可能畅销的商品以后，就要尽量多为该商品的陈列面留一些空间，进行批量展示，策划顾客眼中的"选购理由"。这就是策划能力。

本来应该畅销的商品，如果集中摆放一定数量就能卖出去，反之，如果只摆放很少就会缺乏表现力，往往容易被顾客忽略。

我们的店铺创新项目团队在吉祥寺的店铺进行实证试验时，发生了这样一件事。

为了挖掘出商圈的潜在需求，我们逐步在店内增加了一些价格昂贵的优质商品试验销售，结果店里摆放了 3200 种商品，比平常多 400 种。于是店铺偏离了"方便看""方便买""方便拿"等原则。

因此，我们再次回归单品管理的原则，从商品总部推荐的商品和单店营销的试验商品中精心筛选畅销商品，排除掉滞销商品，结果备货品种的数量虽然大幅度减少了，销售额反倒增加了。

人有一种倾向，当选项太多的时候，内心会感到纠结，不知道该选哪个好，所以会有意回避选择，不再做出判断。在消费饱和的时代更是如此。

 关于这一点，有一个著名的实验。美国的一些心理学家以果酱的销售为题材，证明了筛选的效果。

实验的大概内容如下：在店门口准备两个展柜，让它们相隔一定距离，一个陈列未经筛选的 24 种果酱，另一个陈列筛选后的 6 种果酱。而且店里准备了推荐试吃果酱的标示和购买果酱时可以使用的优惠券。之后，店员会对比从展柜前经过的行人有什么样的不同反应。

实验结果显示，经过两边展柜的人数一样，都是

240~260 人。其中，在陈列 24 种果酱的展柜前驻足的人数占比为 60%，而在陈列 6 种果酱的柜台前驻足的人数占比为 40%。所以说种类多的话受到的关注度更高。

那么，果酱的实际销售情况如何呢？在陈列 24 种果酱的展柜购买的人仅占 3%。而在陈列 6 种果酱的展柜购买的顾客接近 30%。

实验结果表明，购买者的比例和驻足观看的比例恰恰相反，而且出现了近 10 倍的显著差距（图 4-1）。

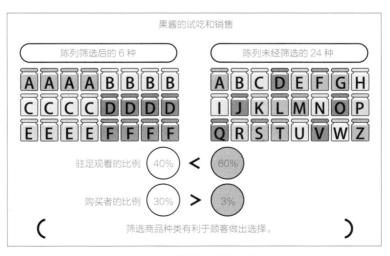

图 4-1　筛选商品的效果

人们往往认为买方更喜欢商品的种类丰富，但该实验证明了种类太多，效果其实会适得其反。

铃木：在陈列 24 种果酱的展柜中，也有可能畅销的商品，但是因为陈列的种类太多，它们缺乏作为单个商品的表现力，最终被顾客忽视了。

衣服也是如此。在过去卖方市场的时代，哪怕是小型卖场，从内衣到厚重衣物也一应俱全，虽然量不多，只要备齐所有种类，顾客就会从中找到并购买自己所需的衣物。

但是，现在顾客不再认可这样的卖场了。无论多么好的商品，如果缺乏表现力，都会被埋没在种类繁多的大量商品之中。

以为摆放很多种类的商品就能让顾客感到高兴，这是卖方一厢情愿的误解，因为他们不会筛选，也不会提出假设。

# 33 | 当存在"高中低"价格区间时，顾客会选择"中"

## ·框架效应：展示方式影响选择

 之前我们沿着客户旅程思考了一下应该提供什么样的商品。顾客在选择商品时，价格自然也会成为重要的选择标准。

因此，接下来我想探讨一下战略性定价（Pricing），也就是说应该准备什么价格区间的商品以及怎样备货。

**铃木**：价格设定即定价，和顾客的心理密切相关。

例如，7-Eleven 经常举办"百元饭团大甩卖"，不含税价格低于 150 日元的饭团和手卷寿司全部按 100 日元的价格销售（同样，超过 151 日元的饭团类商品全部卖 150 日元）。

平常饭团的销售价格是多少呢？例如：酱油腌鲑鱼子饭团

卖 145 日元、红鲑鱼饭团和辣鳕鱼子饭团卖 140 日元、金枪鱼蛋黄酱饭团卖 115 日元、北海道海带饭团卖 110 日元，价格都不一样，所以举办"百元大甩卖"的时候折扣率各不相同。尽管如此，甩卖时饭团都很畅销。

像饭团这种低价商品的促销，比起用"全场八折"这种比率来描述，不如用"全场均售 100 日元"这样的金额来描述。即使整体的折扣率较低，带给顾客的心理层面和情感层面的价值却很高。

消费者对商品价格的反应很多时候与经济合理性相距甚远，令人感到不可思议。

 事物的展示方式或描述方式会影响人的选择。行为经济学中将这种现象称为"框架效应"。

正如画框（框架）不同的话绘画也会显得不一样，事物的展示或描述方式改变以后，判断或选择的框架就会发生变化，从而带来不同的结果。

您在第 1 章中介绍的旧物折现大甩卖实质上和打折一样，顾客感受到的价值却不相同。肉馅的标签也是如此，无论写上"含瘦肉 80%"，还是写上"含肥肉20%"，实际意义都是不变的，顾客却会选择前者。"饭团均售 100 日元"的促销之所以受欢迎，也属于一种框架效应吧。

## ·顾客有"回避极端"的心理

**铃木：** 价格设定和顾客心理密切相关，我经常举的例子就是羽绒被和牛肉。伊藤洋华堂在销售羽绒被时，关于价格出现了一个有趣的现象。

一开始，我们将价格分别为 1.8 万日元和 3.8 万日元的两种羽绒被摆在一起销售，结果 1.8 万日元的那款卖得很好，而 3.8 万日元的高级品却没什么人气。

然而，当我们增加了更高一档价格的 5.8 万日元的商品时，马上就出现了逆转现象，3.8 万日元的商品卖得最好，羽绒被的整体销售额也有了很大增长。

每款商品的物质层面的、可估量的价值并没有改变，为什么会出现这种现象呢？

最初我们只摆放两种商品时，顾客无法实际感受到 3.8 万日元的羽绒被的价值，就会在较低的价格中找到心理层面和情感层面的价值，觉得"1.8 万日元的那款价格不高，看上去质量也不错"。

此时我们增加了更高一档——价格 5.8 万日元的商品，顾客就能够对价值进行比较了。

5.8 万日元的羽绒被确实品质很好，不过似乎没必要买那么好的。3.8 万日元的羽绒被比起 5.8 万日元的那款品质稍微低一些，不过比 1.8 万日元的那款明显做工更好，能让人感觉到优良的品质，而且价格也比较适中。顾客心里想的可能是"既然如此，还是买这款吧。虽然它比最便宜的那款贵，但是在品质和价格两方面都能让人接受"。

也就是说，当顾客在"优质"和"简便"这两个坐标轴上衡量商品时，如果只有两种价格的羽绒被，就无法在价格较高的那款商品中感受到"优质"，而是在价格"简便"的商品中发现了价值。

此时，我们增加了价格更高的商品，将三种商品摆在一起，3.8 万日元的商品价格处于中间，顾客通过和其他商品进行比较，能够实际感受到其"优质"的程度，而且"优质"中还加入了价格的"简便"要素，正好进入了心理层面和情感层面的甜点区。

销售牛肉时也是如此。虽说每 100 克售价 700 日元的商品受欢迎，卖家也不能只摆放这个价格的牛肉。顾客就会觉得 700 日元的价格有些高，无法激发他们的购买欲望。

然而，当我们准备了价格分别为 500 日元、700 日元、1000 日元的牛肉时，顾客就同样可以从肉的"优质"和价格的"简便"两方面对它们的价值进行比较了。500 日元的牛肉虽然价格便宜，看上去却不如 700 日元的品质好，而 700 日元又比 1000 日元的价格适中，所以顾客会选择购买 700 日元的牛肉。

如果只是摆放 700 日元的牛肉，顾客就感受不到"优质"和

"简便"，而增加更贵的商品和更便宜的商品之后，顾客就能够判断每种商品"优质"和"简便"的程度了。当他们感觉到"优质"中也有"简便"的要素时，700 日元的牛肉就进入了他们的甜点区（图 4-2）。

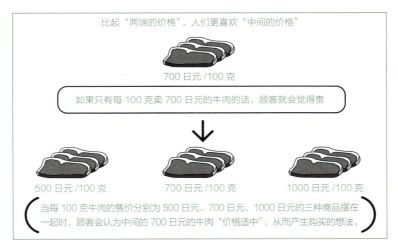

图 4-2　价格的心理学

　　明明是同样的羽绒被、同样的牛肉，调整备货品种和价格设定就会改变顾客心理层面和情感层面的价值感，销售情况也会完全不同。这就是价格的心理学。

　　当存在多个选项时，消费者会优先选择某一种商品，经济学把这一现象称为"偏好"。传统的经济学认为无论在什么情况下人的偏好都不会改变。

然而，现实并非如此，选项只是从两个增加到三个，人们就会出现"偏好的逆转"。

很有意思的是，同样的商品，如果将高、中、低三种价格区间的商品摆在一起，买方一般会避开两个极端，选择中间价格的商品。行为经济学称之为"回避极端"。

据说有的餐厅会揣摩顾客的心理，在三种价格的套餐当中，将最想出售的套餐设为中间的价格。

为什么中间的价格对于顾客来说是最容易选择的选项呢？

**铃木：**那是因为买方想要寻求让自己接受选择的理由。即使同样的商品，备货品种和价格设定不同，顾客感受到的价值也不一样。虽然看似有些矛盾，但贯穿始终的是选择的可接受性。

顾客想要购买的是价值。正如我反复讲过的那样，虽然价格便宜也是一种价值，但是顾客并非只因为便宜就买。顾客希望从该商品中发现值得购买的价值，给自己的选择找一个正当的理由，让自己接受这个购买行为。

如果羽绒被的价格只有 3.8 万日元和 1.8 万日元两种，很多人就会选便宜的那款。但是选项中加入 5.8 万日元的商品之后，那些人就会选 3.8 万日元的那款。虽然看起来前后矛盾，但是对于买方来说，两种选择都存在让自己接受的理由，结果就不再矛盾了。

当你将几种同类商品摆在一起销售时，要做好价格设定，要做到让顾客比较价值、接受自己的选择、给自己的消费一个正当的理由。

# 34 | 在客户体验时代，重要的是"以贴近顾客为目的的待客方式"

## ·"待客方式"才是自我差异化的重要因素

 让我们继续沿着客户旅程思考，当顾客选择商品时，对于卖方来说，和顾客的交集就是"待客方式"。

最近，利用人工智能（AI）的无人化便利店在媒体上引发了热议。便利店通过摄像头和传感器了解顾客将什么商品放入了购物篮。商品不用经过收银台，就能实现自动结算。那么人工接待顾客的方式以后就不再产生价值了吗？

**铃木：**我认为，除了车站等有限的场景，无人化店铺不会在日本推广下去。中国率先引入了无人便利店，好像有一段时间很流行，但是后来据说很多店铺都关门了。

如今是物资过剩、消费饱和的时代，对于顾客来说，待客方式才是重要的体验价值；对于卖方来说，待客方式则是自我差异化的重要因素。

在待客方面，卖方尤其应当全力以赴的是"沟通交流"——向顾客传达商品或服务的价值。这是为了满足顾客"想确认"的愿望。

有人说现代的消费者很迷茫，不知道应该买什么。但是，这是站在卖方角度的看法，我觉得消费者不是"迷茫"，而是"想确认"的意识在增强。

顾客想确认：关于商品和服务，卖方是否理解他们追求的价值，能否真正满足他们的需求。也就是说，他们想确认：是否存在能让自己接受选择的理由、能让自己的消费行为正当化的理由。

换个说法就是，他们想确认：卖方和自己是否并非单向交流，而是彼此共享信息和价值观。

买方有"想确认"的心理，卖方第一步就要创造并提供新的商品和服务，要让买方觉得该商品和服务"有值得确认的价值"。

为此，卖方就要摆脱"捉第二条泥鳅"的想法，打破预定调和，创造出新的价值。我在第 3 章中讲过，卖方需要在"简便"和"优质"这两个现代消费者最关心的坐标轴的权衡关系中找到空白地带。

下一步，在和顾客有交集的销售第一线，重要的是待客方式。卖方要想传递价值，就要主动贴近顾客，重新认识待客方式的定位。

## · 用待客方式"最后推一把"

**铃木：** 要想给顾客展示选择的可接受性和消费的正当性，让他们觉得商品或服务有值得购买的价值，卖方需要"最后推一把"。此时，卖方的智慧、卖场的策划、备货的方式以及待客方式都将变得比以往更重要。

"最后推一把"这个词，我是从营销策划人辰巳渚先生那里听到的。

辰巳先生对于现代的消费市场和消费者状况有独特的观点，他的著作《丢弃的艺术》已成为发行超过百万部的畅销书，引发了"整理的热潮"。很可惜，辰巳先生于2018年在骑摩托车出游的路上遭遇事故，已经不在人世。

以前我和辰巳先生交谈时，他曾说过生产方和销售方应该"最后推一把"，这个词给我留下了深刻的印象。

辰巳先生也认为"现代的消费者想不到自己想要的东西，但是有购买愿望"，他觉得"日本的消费者对于选择已经感到疲惫了"。

他这样说道："以前我们都学美国，尽量备齐很多种类的商品，让顾客选择自己喜欢的东西，认为这就是好的做法。自助式服务的超市在日本大获成功，取得了长足的发展，当时采取的就是这种经营方式。但是，日本的消费者对于自己做选择已经感到疲惫了。因此，生产方和销售方要主动帮助消费者找到自己想要的东西，或者采取一些策略，对买方'最后推一把'，这一点很重要。"

顾客已经疲于选择商品，接待顾客时要"最后推一把"，卖方应该在这方面下功夫。

在重新认识待客方式这方面，百货商店丸井集团开展"不卖东西的店"也是值得关注的举措。顾客在实体店确认实物之后从网上购买，这种现象被称为"展厅现象"。所谓"不卖东西的店"，是指专门做展厅销售的商铺。

百货商店里面聚集了一批新兴的人气品牌商铺，他们采用"D2C"（Direct to Consumer，直接面对消费者）的电商模式，利用网络直接向消费者销售商品。顾客在各个商铺中会得到店员的接待，邂逅丰富多样的商品和服务。如果是在服装店，顾客还可以试穿，试穿后，可在网上购买看中的商品。这样，商铺就从"卖东西的店"转变成了"提供体验的店"。

在第 2 章中，您介绍了敬业度这个概念，它表示员工想要积极地专注于工作的意愿和活力的程度。敬业度也适用于顾客与卖方之间。

在不卖东西、只提供体验的店里，卖家如何才能通过面对面的交流提高顾客的敬业度 [1]，将会成为关键点。

"不卖东西的店"是将网络与实体、线上与线下融合在一起的模式，是网络时代最先进的模式，其代表性特征是待客方式将具有重要的意义。

**铃木：**"不卖东西的店"是让顾客在网上购买，反过来应该也有反展厅现象吧，即顾客在网上看到商品之后，在实体店体验员工的接待服务并购买。无论从线上到线下，还是从线下到线上，待客方式都是关键。

· **待客的基础是与顾客产生共鸣**

 那么，具体应该怎么接待顾客呢？

**铃木：**接待顾客是指卖家与顾客交流的一种方式。

---

[1] 此处指企业和顾客之间的信任关系。敬业度高的顾客会频繁购买所信任品牌的商品并将其价值介绍给别人。——译者注

交流分不同的形式，有通过双向交流共享信息和价值的"对话"，有发话人只顾单方面传达自己意见的"单向传达"，有听话人听了之后兴致勃勃、却没有收到任何关键信息的"漫谈"，有发话人自以为发出信息了、听话人却什么都没听到的"自言自语"，接待顾客的基础就是与顾客"对话"。

我们以服装卖场为例。面对试穿的顾客，如果卖方只顾单方面说明这件衣服作为"物"的特征在哪里、哪个部分非常时尚，无论他多么能说会道，也许在顾客眼里，他都是强行进入自己心里的"异物"。

这里需要的是"对话"能力，你要向顾客表达自己的感受，也要引发顾客的共鸣。此时，重要的是"站在顾客的立场上"体察其试穿时的心理。

人之所以爱打扮有两方面原因：一方面是为了追求"自我差异化"，保持自身的精神卫生；另一方面是出于从众心理，在意"他人的眼光"，"希望得到周围的好评"。

因此，如果负责接待的一方以代替"他人的眼光"作评价的形式表达自己的感受："顾客您有这些特征，这件衣服的这个元素正在流行，感觉不错，很适合您。"因为店员对自己的选择产生了共鸣，顾客也会陈述自己的感想，被激起购买的欲望。

如果顾客因为多个选项而犹豫不决，你就可以给他提供建议："这几件衣服都在流行，都很时尚，但是这件因为这些原因更适合您。"由于得到了店员的理解，顾客也会产生共鸣，从而坚定自己的想法："那我就买这件吧。"

通过售货员在接待时的态度，顾客模拟体验了穿这件衣服出门时将会遭遇的"他人的眼光"，通过在某种程度上与售货员共享价值观，顾客找到了选择的可接受性和消费的正当性。

也就是说，顾客会感受到，这件衣服不单单具有作为"物"的价值，还具有作为"事"的价值。

而且，当顾客买回去穿在身上的时候，如果周围的人夸赞说"这件衣服不错"，他心里就会产生忠诚度，认为"那家店不错"。

顺便说一下，关于试穿，我在第 1 章中介绍过的损失规避的心理也会起作用。

顾客试穿时一旦把衣服穿在身上，就会觉得挺适合自己。在犹豫要不要买时，顾客会以试穿时的自己为基准考虑，认为不买就回去感觉损失很大。

此时，如果卖方接待顾客时表达自己的相同感受，传达这件衣服具有值得购买的价值的话，就相当于在顾客背后推了一把。

## ·别人对自己的想法产生共鸣是最令人开心的事

铃木：虽然便利店基本上是自助式服务，但是待客方式也会影响买方的购买行为。

正如我之前反复讲的那样，现代的消费者不再单纯地只感受作为"物"的商品本身的价值，而是希望感受包括"物"的价值在内、购买商品时一连串的体验价值。

以 7–Eleven 的店铺为例，由于天气炎热，顾客想吃冰激凌，觉得 7–Eleven 应该有什么新款商品，并怀着这种期待走进店铺。

店内的冰激凌冷柜中摆放着很多种商品。顾客想确认哪种商品具有值得购买的价值。

当顾客的目光停留在某种商品上，觉得"这个看上去很好吃"时，如果身边的店员上前打个招呼说"这是今天刚到的货，我也试吃了一下，非常好吃"，和在服装店被接待时一样的心理就会发挥作用，顾客就会产生"那我也买一个吧"的想法。

顾客实际购买以后，吃了感到满意的话，就会对店员产生共鸣，觉得"真是一次不错的购物体验，还想去那家店"，对店铺的忠诚度就提高了。

接待顾客时，店员需要做到的不是遵守业务手册或操作指南，而是要具备"对话"能力和交流能力。

人是会思考的动物。别人对自己的想法产生共鸣是最令人开心的事。尤其是在后疫情社会，为了再次将卖方和买方的关系连接起来，卖方需要跟顾客产生共鸣。

怎样才能和对方产生共鸣呢？你要揣摩对方的心理，向对方表达自己的想法，与对方共享价值观。这是提升交流能力的基础，也是接待"想确认"的顾客的出发点。

最近我们一直处于物资过剩的买方市场，在这种背景下，现代的消费者想买点儿什么，却又疲于选择，找不到想要的东西。你要为他们提供可以接受自己选择的理由，在背后推一把。接待顾客时，你应该比以往更加致力于"最后推一把"。

# 35 | 全渠道（网络与实体的融合）零售是流通的最终形态

## ·现代是"消费者让生活合理化"的时代

之前我们探讨的是顾客光顾实体店时，我们如何沿着客户旅程促使顾客购买。

在当今时代，网络销售正在迅速地扩大市场。从全世界范围看，在流通领域，今后确实会增长下去的应该是将网络和实体融合在一起的全渠道零售市场。

全渠道的全是"所有"的意思。全渠道的解释是，将网络和实体，即所有与顾客的交集联合起来，提供一种无缝衔接的客户体验，让顾客感受不到购买途径的销售手法。"不卖东西的店"也是全渠道零售的一种方式。

铃木先生，您在担任柒和伊集团管理层最高领导时，曾率先打造日本首个全渠道零售平台。

在这一节，我想探讨一下卖方应当如何灵活运用全渠道零售模式。铃木先生，请问您如何给全渠道零售模式定位？

**铃木**：2010 年，作为整合网络与实体的概念，美国的大型百货店梅西百货公司（Macy's）最先使用了全渠道零售这个词。

其实在更早之前，自 21 世纪初网络销售市场初步成形，我就一直主张"零售业应当以将网络与实体融合在一起的新模式为目标""能够控制网络市场的商家也能控制实体店市场"。

因为我在思考消费社会今后将会怎样进化下去时，觉得网络与实体的融合是必然的结果。

我们的消费社会经历了三个阶段的变迁。第一个阶段是"生产商带来的合理化"。在物资匮乏的卖方市场时代，生产商通过推进生产方式的合理化，实现了批量生产。

第二个阶段是"流通带来的合理化"。超市等商家在将"物"送到消费者手上的流通阶段推进合理化，打造了以高效低价的方式销售大量物资的体系。

第三个阶段是"消费者让生活合理化"。我们已经进入物资过剩的买方市场时代，在消费饱和的背景下，消费者不再勉强自己适应生产商或流通行业的情况。为了让自己的生活更加合理化、更加充实，消费者不单单追求"物"的价值，还要通过商品或服务，追求能让自己满意的"事"（体验）的价值。而且他们开始根据自己追求的理想的生活方式，来挑选流通业的商家和生产商。

在社会从第二个阶段转移到第三个阶段的过程中，消费者为了让自己的生活合理化，会在必要的时候购买必要数量的商品或利用必要的服务。7-Eleven 为他们提供了这样的平台，并一直在发展进化。

在第三阶段，随着智能手机的迅速普及，网络世界的急剧扩大给消费社会带来了戏剧性的进化。同时，消费者想让自己的生活更加合理化，为了满足他们的这个需求，社会上出现了一个新的销售渠道，那就是将网络和实体融合在一起的全渠道零售。

如果灵活利用全渠道零售，买方就能在一天的 24 小时里，随时随地和卖方产生交集，买到想要的商品或服务，并在方便的时间和地点收货。

迄今为止，流通行业和零售业都建立在以卖方为出发点的体系中。顾客想去百货店、超市或便利店购物，就要亲自前往店铺。这种体系成立的前提是实体店仍然处于供不应求的卖方市场时代。

但是，现在是物质过剩、供过于求的时代。既然供过于求，卖方就不能只是坐等顾客来店里，而是必须主动靠近顾客。

卖方要想靠近顾客，就必须转换顾客战略，跨越网络和实体的分界线，以顾客为出发点，将自己公司的系统、店铺网、销售方法等所有业务基础设施重新改组。这就是全渠道零售的本质。

卖方要打造将网络和实体融合在一起的新平台，将消费者的生活品质提高到下一个层次。全渠道零售模式将会开辟日本消费社会的第四个阶段，从这个意义上说，我认为它是"流通业理想的最终形态"。

**· 能够自主推销的卖方才是最后的赢家**

从全世界的流通市场来看，网络与实体的融合也在顺利地开展着。

沃尔玛在实体店领域拥有全球最大规模的连锁超市，在美国，它也果断地开始向网络领域投资，其规模令人瞠目结舌。同时，它还致力于提供新的服务，如将网上接到的订单送货上门，让顾客可以在附近的店铺领取网购的生鲜食品。

与此同时，网络企业亚马逊收购了在网络销售方面比较落后的美国高级食品超市全食超市（Whole Foods Market），将大约 460 家店铺收入旗下，正式开始构建实体店铺网。

另外，亚马逊利用人工智能和图像感知等技术创办了无人便利店，顾客无须在收银台结账就能购买食品；亚马逊还建立了连锁的实体书店（Amazon Books），不断向实体店领域进军。

沃尔玛的想法是"光靠实体店无法维持经营，所以要改变商业模式，融入网络业务"。亚马逊的想法是"光靠网络还不够，也需要实体店的力量"。

有一点很明确，可以说两家公司都在朝正确的方向前进。

那么，您认为同时拥有网络和实体店两个渠道的意义是什么呢？


铃木：顾客可以在方便的店铺领取从网上订购的商品。在这种背景下，还出现了客源从网络流向实体店的反展厅现象，顾客在网上发现中意的商品之后，会前往商场或超市等实体店亲眼确认之后再买。

我在前面已经讲过，当顾客由于反展厅现象来到店里时，你要通过提供接待服务传达商品的价值，或者根据全渠道零售的购买记录，向每一位顾客推荐合适的商品。正因为你拥有实体店，待客方式才会出现巨大的差异。

和反展厅现象相反，自然也会出现客源从实体店流向网络的展厅现象。例如，顾客在店里量了尺寸之后在网上购买了衬衣，如果感到满意的话，他们可能以后也会从网上重复购买同款商品。

在全渠道零售模式下，实体店的优势在于，当同时出现反展厅现象和展厅现象时，它可以期待相互输送顾客的协同效应。

另外，有一些店铺会利用人工智能等技术解析顾客的购买记录数据，按照其购买倾向，在顾客光顾店铺时将推荐的商品或服务信息显示在智能手机上，为顾客提供优惠券等服务。

像这样，如果想靠近顾客，你应该能想到各种各样的营销方法吧。

此外，同时拥有网络和实体两个渠道的卖方能够发挥巨大的差异性。因为他们拥有自主推销的能力，也就是说，他们拥有商品研发能力，能够自行策划、创造出原创商品，满足顾客的需求。

网络的特性是能够让我们迅速把握全国所有地域、所有年龄层的顾客的反应。

例如，卖方可以利用顾客在社交网站上发布的信息，更加准确地把握市场的变化，让顾客参与开发商品，或者根据顾客的意见发掘尚且不为世人熟知的优质商品。

如果你一开始就打算在实体店销售新商品，那你生产并销售的商品就必须超过一定的数量。反过来，如果你利用网络销售的特性，根据用户在网上发布的信息自主研发别的地方都没有的新商品，就可以在网上少量销售多个品类的商品。

假设在实体店需要销售 100 日元，你就在网上卖 10 种 10 日元的商品，这也能确保合计 100 日元的销售额。

你原创商品时不需要在意类别，哪怕是抹布都可以。对于顾客来说，他们在网上能够买到别的地方都没有的商品，并对这一体验感到满意，就能形成自我差异化。与此同时，他们也会给卖方带来自我差异化。

在原创商品中特别受欢迎的那些品类就会通过社交网络服务（Social Networking Service，简称 SNS）扩散，引发热议。

卖方可以从这个趋势中分辨需求特别大的商品，转向在实体店批量销售，并将其培育成爆款商品。正因为卖方是拥有网络和实体两种渠道的业态，才能够实现这种销售模式。顾客通过购买在社交网站上引发热议的爆款商品，也能让自己的从众心理得到满足。

也就是说，全渠道零售模式能够发挥"孵蛋器"的作用，创造出拥有新价值的商品和服务。

全渠道零售模式的顾客战略的对象不只是作为群体的顾客，还有作为个体的顾客。你要充分利用与顾客在网上的交集，从个体顾客在网络世界里的动向中，找出拥有新价值的"蛋"。

然后，你要在实体店面向群体顾客销售，这就叫一点突破、全面展开。

所以我才说，能够控制网络市场的商家也能控制实体店市场。

正因为现在是全渠道零售的时代，你才能够运用商品研发能力和推销能力，在网络世界中创造出拥有新价值的商品和服务，并通过实体店渠道推广销售，在线下提供待客服务，向每一位顾客传达该商品或服务的价值。这样的卖方才具有竞争力。

对哪个商家的满意度更高，最终还是由顾客来决定的。

# 36 发现数据背后的新需求

## · 揣摩销售数据背后隐藏的买方心理

 您在上一节中讲到,卖方要在全渠道零售战略的指导下,在网上少量销售多种原创商品,从中辨别需求特别大的商品。那么怎么辨别呢? 依据应该是销售数据吧。

在客户旅程中,顾客购买后会留下销售数据,也就是顾客购买记录数据。无论是网络销售企业,还是开展全渠道零售的企业,最重视的都是顾客购买记录数据。

在"假设和验证"的工作方法中,销售数据被用来验证假设。同时,卖方通过数据还可以分辨出需求特别大的商品。

作为本书的总结,我想请您根据销售数据,讲一下提出新假设时的着眼点和思维方式。

**铃木**：一说到现代最尖端的技术，人们就会想到对各种数据的处理和利用。

企业可以利用人工智能等技术解析通过物联网（IoT）集聚的大数据，找出特定的模式并导出答案。这个大数据解析可能对于企业的各种业务及活动的合理化、削减成本、降低风险是有效的。

但是，涉及消费者的购买倾向和购买行为时，我不禁对它的作用感到怀疑。

值得注意的是，迄今为止集聚的大数据终究只是过去的数据。即使你用人工智能解析它，推导出来消费模式，也只是能够追踪已经表面化的需求，无法挖掘出前所未有的潜在需求。

顾客追求的满意度水平总是在不断提高。我在前文中讲过，即使你提供了满足顾客表面化需求的商品和服务，顾客的反应也会从一开始的"满意"变成"只是合格分"，之后很快就会感到"厌倦"。

顾客总是追求新的价值，想要获得更大的满足。要想满足他们的需求，卖方就要提出假设，挖掘出他们的潜在需求。

此时，如果你带着问题意识，从单个商品的销售数据里探寻新的征兆，就能够察觉新的畅销商品和顾客的潜在需求。你可以将其作为先行信息，用来帮助自己提出假设。

关键在于你是否能够读懂数据背后的顾客心理，找出其隐含的意义。

我给大家介绍一下 7-Eleven 的两个案例。

第一个是"方便饭"系列产品（不含税价格分别是 198 日元和 228 日元）的研发经过。这是我们在 2018 年 11 月开始发售的碗装冷冻炒饭，已经成为爆款商品。

开发这款新商品的契机是，商品开发总部的负责人在查看正在销售的一人份袋装炒饭的 POS 数据时，发现了一组奇怪的数字。

只有在学校附近的店铺，这款商品的销售额才会名列前茅。

这些数据意味着什么呢？为了弄清这组奇怪数字背后的原因，负责人前往店铺现场观察，发现一些学生在放学回家的路上购买袋装的冷冻炒饭，用店里的微波炉加热后，用勺子挖着吃。

他问了一下学生们的意见，得到的答复是"比买两个饭团便宜，性价比高""能吃到热乎乎的饭"。学生们在袋装的炒饭中发现了卖方都没有想到的体验价值。

于是，负责人提出了假设："如果开发碗装的冷冻炒饭的话，顾客就能在自己家以外的地方吃，这样应该就能挖掘出潜在的需求吧。"在他和冷冻食品公司一番交涉后，碗装冷冻炒饭最终实现了发售。

在商业街区的店铺里，以前顾客对冷冻食品的需求不大，而自从开始发售碗装冷冻炒饭以后，附近的公司职员也都来店里买午餐了，形成了一种新的消费方式。由于这款畅销商品备受好评，负责人被商务类网站评选为"年度最佳营销员"，这个奖项专门用来表彰那些创新型的营销人员。

如果负责人拘泥于常识或固有观念，站在卖方的角度思考问题，认为"冷冻食品就是在家里吃的东西"的话，即使他看到数据也不会发现"异常"，更不会挑战新商品开发的工作吧。

第二个案例是在 7-Eleven 的店铺内发生的事。

我在前文中讲过，有一家 7-Eleven 店铺位于东京都繁华地段的商业街区，面向女性顾客准备了很多早餐时吃的沙拉。那家店铺以前在中午的高峰时段会售出大量沙拉，主要是女性顾客在购买便当类食品时顺便一起买。

7-Eleven 有一个职位叫 OFC（Operation Field Counselor，终端门市领域的指导顾问），一个人负责指导七八家店铺，为他们提供经营方面的建议。

有一次，负责那家店的 OFC 正在看 POS 数据，发现了一组奇怪的数字。他发现，在早晨上班的高峰时段，沙拉也卖得很好，虽然销售数量和中午相比少得多。

他问了一下店员，店员说购买沙拉的人主要是上班途中的年轻女性顾客。

原来想要减肥的女性早餐也买沙拉吃啊？这里不是潜藏着一个"把沙拉当早餐吃"的需求吗？想到这里，OFC 就和店主商量了一下，决定大量订购沙拉，满足早高峰时的顾客需求。

他的假设完全应验了。有些女性顾客买了沙拉拿到办公室当早餐吃，也有一些顾客早晨去上班的路上买了沙拉放在公司的冰箱里，目的是避开中午拥挤的人潮。

从那以后，那家店早晨也会摆上大量沙拉，沙拉的销售额增长了两三倍。这是因为那家店的 OFC 挖掘出了顾客的潜在需求。

那位 OFC 以前总是站在卖方的立场上，误以为"沙拉主要是女性顾客在买午饭的时候顺便买的东西"。如果他一直坚持这种错误的认识，看到 POS 数据时，也只会关心中午的客流高峰时段的沙拉销售份数，即使他看到早晨的沙拉销售数据，恐怕也不会放在心上吧。

问题意识会给人带来觉察。那位 OFC 心想："只要营销方法得当，那些追求健康生活的顾客应该就会买更多沙拉。"这就是问题意识。

要想让顾客买得更多，卖方就必须"站在顾客的立场上"思考问题，揣摩顾客的心理。因此，他在查看 POS 数据时将视角从卖方切换到了买方，这才发现了早高峰时的销售数据隐含的意义。

## ·从大数据中无法导出假设

**铃木**：大家不要忘记，当你单纯地把销售数据作为过去的记录来看时，这和你将它用于营销时的解读方法不一样。

营销要注重探索变化。你要善于从畅销商品中发现一些新的征兆或趋势，察觉到顾客的潜在需求。

要想做到这样，卖方就要丢掉成见和固有观念，不要觉得"冷冻食品都是在家里吃的东西""沙拉主要是女性顾客在买午饭的时候顺便买的东西"，要转换为买方的视角，以全新的思维来思考。

这样一来，你就会发现，有些商品虽然进货不多却很快就能卖完，有些商品的销售额正在增长，你就可以提出假设："这里应该有潜在的需求吧。"

怎样才能听到数字背后的顾客的声音呢？销售数据虽然是过去的数据，但你把视角从卖方切换到买方、带着问题意识去看的时候，就能发现数据正沿着时间轴变动。你可以将其作为先行信息。

还有一点很明确，这个潜在的需求无法通过解析大数据推导出来。刚才也讲过，人工智能擅长从集聚的大数据中，根据给出的条件，总结出特定的模式，但那是过去的购买模式，无法从中找出新的消费模式。

即使你再怎么收集大量数据、用人工智能进行分析，人工智能也不会知道出现这些数据的原因。如果不知道原因，这样分析就没有意义。你只有能揣摩买方的心理、提出假设并验证结果，那些数据才具有意义。

数据终究只是工具，不提出假设，生意就无法维持下去。

人活着总要朝向未来。顾客总是追求新的价值，前一天想要的东西第二天未必还想要。

卖方需要有强烈的问题意识和目的意识，要一直站在顾客的立场上思考怎样才能让顾客更加满意、如何才能消除顾客的不满。这样的问题意识和目的意识会帮你推导出假设。

尤其是在后疫情社会，居家办公的模式会以一定的比例持续下去，人们的自由时间增多以后，就想有效利用这些时间。即将出现的"新消费"会是以前从未有人涉及过的领域。

在迈入"新消费"的时代之前，我们需要做的是脱离大数据、自己动脑深入思考。

我们必须认识到，社会不会直接回到疫情之前的状态了。后疫情社会，可能比以往更加考验人的假设能力。

# 判断时总是把"顾客"
# 作为分母

在本书的后记中，让我们从另一个视角来理解一下铃木先生提出的重视客户体验价值的经营学吧。

信息分为"用分子来表示的信息"和"用分母来表示的信息"。这是本书中提到过的松冈正刚先生主张的一种信息编辑方法。

例如，分子的信息是"钢琴弹得好"，当分母是"爵士音乐家"和是"公司职员"时，结果就大不相同。也就是说，即使分子相同，由于分母位置所放的信息或概念不同，整体的意义就会完全不一样。

铃木先生提倡的经营学重视人的心理和情感，对这个分母和分子的安排十分巧妙。

我们在正文中介绍过，如果是艳阳高照的日子，即使是冬天，7-Eleven 也会把凉面摆在货架上。关于这样做的意义，铃木先生这样解释道：

"严冬里的凉面的案例告诉我们，市场的变动总是和人的心理与情感有关。店里面的卖方往往容易被过去的经验和原有的观念束缚，认为'凉面就是夏天的食物'，而对于店外面的买方来说，哪怕是寒冬腊月，在气温上升的日子里，只要店里摆着凉面，他们就会下意识地伸手去拿。"

也就是说，在冬天，虽然分子是同样的气温，把"店里的卖方"和"店外的买方"分别放在分母的位置之后，天气和暖的日子具有的意义就不一样了。

我们很容易拘泥于分子的信息，但是如果能够经常变换分母，我们的思维就会变得灵活。

铃木先生总是告诫大家，不要站在卖方的立场上，要从买方的角度思考问题。如果我换一种表达，大家可能更容易理解。其实这种思维方式就是不要把"卖方"或"卖方市场"放在分母位置，而是要把"买方"或"买方市场"放在分母位置。

例如，正文中也出现过的过年吃的黑豆的案例。批量销售的"盒装"商品，如果分母是卖方，就具有"合算"的意义；而分母换成买方之后，就成了"强卖"的意思。

反过来，在"称重销售"的情况下，如果分母是卖方，结果就是"费时费力、增加成本"；如果分母是买方，就成了"令人满意的销售方式"。

我们再来看一下"售罄"的意义。假设采购了 30 个商品，一天就售罄了，如果分母是卖方，没有卖剩下，就意味着"赚到了"；如果买方是分母，就意味着"这家店缺少我想要的商品"。

也就是说，同样一件事，把卖方放在分母位置推导出来的价值判断，和分母是买方时的客户体验价值完全不同。

正文中也讲过，铃木先生提出了两种思维方式，一种是从正反两面把握事物，比如"好吃的东西等于会厌倦的东西"；另一种是沿着时间轴思考。实际上这个理论也可以套用在分母和分子的关系上。也就是说：

"好吃的东西"（分子）/"卖方"（分母）＝"畅销商品"

"好吃的东西"（分子）/"买方"（分母）＝"想买的商品"

一开始两个算式的诉求是一致的。然而，如果给这两个算式乘上"时间"或者"次数"等系数会怎么样呢？将会发生以下变化：

"好吃的东西"（分子）/"卖方"（分母）× 时间或次数 ＝"赚钱"

"好吃的东西"（分子）/"买方"（分母）× 时间或次数 ＝"厌倦"

此时就出现了分歧。卖方却意识不到这一点。

假设将这种分母与分子的思维方式称为"信息与数据的分数法"，那么铃木先生主张的分数法的本质就是，在任何情况下最终都要把"顾客"作为分母，从而判断客户体验价值的好坏。无论多么杰出的创意，当把"顾客"作为分母时，如果不能产生正向的体验价值，都不会生效。

铃木先生在应用这个分数法时，经常也会使用"逆向"思维。例如，在推导出顾客追求的"鲜度"这个价值时，关于分母和分子的组合，他的思维完全不受固有观念的束缚。

铃木先生这样说道："商品的鲜度管理很重要，食品和衣服在这一点上完全一致。很多人被原有的概念所束缚，认为食品和衣服不一样，所以很难理解我的说法。为了保持食品的鲜度，我们每天都要把新商品送进卖场。同样的道理，如果我们不坚持采购新衣服，顾客就会感到厌倦。"

一说到"鲜度"，我们能想到的分母只有"食品"。而铃木先生从顾客感受到的心理层面和情感层面的价值这个视角出发，联想到了"衣服""信息""便利店的运营"……他尝试把各种领域的概念放到分母的位置上进行思考，然后，为了得出"鲜度"这个答案，思考需要什么样的分子。

也就是说，他会在头脑中设定一个方程式：

"$X$（分子）$/Y$（分母）$=$ 鲜度"

然后随意变换 $Y$（分母），再思考用什么样的 $X$（分子）能够得出"鲜度"这个答案。

这也是卖方每天革新的方程式，可以避免铃木先生最讨厌的"陈腐"和"老套"。

在对事物做出判断时，我们要总是把"顾客"放在分母上。换个说法就是，不要把"公司"作为"判断的标准"，而是要根据"顾客"的需求进行调整。

铃木先生从 23 岁开始工作，到 83 岁时卸任，60 年来一直活跃在第一线。究其原因，有以下三点：

第一，他没有把"公司"和"工作"混为一体。

第二，他总是根据"顾客"调整"判断的标准"。

第三，在提出假设方面，他一直坚持发挥创新性的思维能力。

我们在思考问题时不要停留在过去的延长线上，要以未来为起点，将"顾客"放在工作的分母位置，以顾客为出发点，不断提出新的假设。

铃木先生的经营学告诉我们，客户体验价值的本质是十分简单的。

安斋隆先生曾任日本银行的理事，在原日本长期信用银行（现在的新生银行）被暂时收归国有时，他曾作为行长负责善后工作。在设立 Seven 银行时，铃木先生邀请他出任总经理，当时只拜托了一件事："请您只关注顾客，不用管其他人。"

要一直关注顾客，客户体验经营让我们重新认识到了这个基本原则。

胜见明